내 안의 여성성 마주하기

로버트 존슨 융심리학 시리즈 7

내 안의 여성성
마주하기

Lying with the Heavenly Woman

로버트 A. 존슨 지음

이주엽 옮김

*

남녀 관계에서 어려움을 겪는 이를 위한
핵심적 심리 처방

*

동연

:

이 책에서 로버트 존슨은 우리더러 창을 들라고 한다. 정확히 표적을 겨냥하여 찌르는 창을 말이다. 대신 아무렇게나 난도질하는 칼은 내려놓으란다. 여기서 창이란 대상을 정확히 구별하여 분화할 줄 아는 의식의 힘이다. 어머니 콤플렉스와 현실의 어머니를 분간하고, 아내에게 어머니의 대체물이 되라고 요구하지 않으며, 아니마와 딸 혹은 아내와 딸의 역할을 혼동하지 않는 지적 명료함이다. 잠깐 멈추고 생각해보라. 분간해야 할 걸 분간하지 못하고 뒤섞는 바람에 오염된 관계의 예를 주변에서 떠올릴 수 있을 것이다. 남자들은 여성성의 여러 유형을 정확히 분별할 줄 알아야 한다. 남녀가 성적으로 더 분방해졌는지는 모르나 결코 관계를 더 잘 맺고 있는 것은 아니다.

존슨은 현대를 관계의 자유가 주어진 만큼 관계의 함정도 많아진 시대로 진단한다. 예전엔 사회적 규정에 맞춰 역할과 관계를 꾸리면 그만이었다. 하지만 지금은 외적 권위보다 자유, 즉 자기 결정권이 더 중요하다. 이럴 때일수록 분명하게 분간할 줄 알아야 한다는 게 저자의 조언이다. 관계에 있어 지적인 결정이 중요하다는 것이다. 오늘날 한국사회의 남녀 관계에 동원되는 잣대는 지적 합리성보다 윤리성이다. 이게 누군가의 비아냥처럼 도덕적으로 착한 척하는 경쟁으로 전락하곤 한다. 전통의 권위와 잣대가 붕괴한 공백에 또 다른 율법주의가 밀고 들어와 대체 권위가 된 셈이다. 이것도 일종의 지적 불성실, 생각 없음의 무 사유가 아닌지 의심스럽다.

　우리나라에서 전통의 권위란 어느 사회학자의 말처럼 벼농사 농경문화를 근간으로 한다. 가부장제 사회의 출현은 농경사회의 출현과 관련이 있다는 게 정설이다. 장유유서는 물론이고 부의부강, 부부유별 등의 전통 관계 질서는 동아시아 벼농사 문화에서 응당 출현하는 것이란다. 그리고 지금 젊은 세대는 처음으로 개인주의 문화 코드를 장착하고 이 농경문화 코드에 저항하고 있단다. 로버트 존슨의 말처럼 관계 맺기에 있어 전통의 권위 대신 개인의 지적 결정이 중요해진 시대라고 하겠다. 남성이 내면의 여성성을 잘 분별하는 의식의 힘이 어느 때보다 요청되는 때이다. 그래야 현실의 여성과 제대로 관계 맺을 수 있으니까. 이제 전통의 울타리와 보호막을 기대할 수 없으니까. 그런데 아쉽게도 도덕적 율법주의 비슷한 외적인 길로 의식의 각성을 얼른 대체해 버리는 형국이다. 그런 식으로는 인간의 겉면을 공적 예의로 통제할지는 몰라도 속사람을 바꿔놓지는 못할 것이다.

로버트 존슨은 타고난 이야기꾼 같다. 이미 아는 것도 새롭게 들려준다. 삶을 경제지표로 저울질하는 요즘 그의 얘기를 듣다 보면 사람이 빵으로만 사는 게 아님을 떠올린다. 천상의 여인은 내면의 여성성이다. 천국은 우리 내면에 있다.

공교롭게도 이 책을 번역할 때 나는 매사가 지겨웠다. 그저 어딘가로 사라지고만 싶었다. 어머니 콤플렉스인지, 용이 입을 벌리고 나를 삼키려 하는 것인지…. 메두사의 눈을 보면 굳어 돌이 되고 만다. 아닌 게 아니라 나는 지겨운 마음이 올라오면 무력감에 돌이 된다. 그래도 존슨의 책을 읽으면 페르세우스의 방패를 얻는 기분이다. 메두사를 간접적으로 비춰보며 처치할 수 있었던 그 방패 말이다.

독자들도 같은 경험을 공유하면 좋겠다.

이주엽

차례

남자의 인생과 여성성

　남성이 여성 및 자신의 여성성과 맺는 관계는 대부분 역사에서 법률, 관행, 풍습의 통제를 받았다. 그런 문제를 놓고 남성이 개인적으로 결정을 내릴 능력을 획득한 건 아주 최근의 일이다. 대단한 진화의 일보를 내디딘 것이다. 이 자유는 오늘의 세상만큼이나 새롭다. 따라서 전에 경험한 적 없는 것을 의식에 요구한다.

　원시인에게는 말할 것도 없고 오늘의 세상 대다수에게도 안정되고 믿을 만한 경로였던 것이 현대인에게는 불확실한 길이 되고 말았다. 선택할 수 있는 것이 너무 많아서도리어 어리둥절한 길이 된 것이다. 예전에는 부모가 정해 주는 대로 결혼하고, 고정관념에 따라 가정생활을 하면 그만이었다. 그런 생활에 자유의 개념 같은 게 문제 되는 경우란 극히 드물다. 전통사회에 속한 아무 남자에게나 물어보라. 진지한 관계에서 자유를 행사한다거나 결혼생활에서 자유를 기대하는지 말이다. 나는 전통 힌두 남성이 결혼생활에 만족하는지 혹은 행복한지 의문을 품는 경우를 본 적이 없다. 전통사회에서 그런 의문은 희귀하다. 진화는 우리 시대에 이르러서야 관계에 자유를 도입했다. 그런데 현대인은 자유라는 뜨거운 것을 움켜쥔 만큼 강한 의식 또한 포착해내야 한다. 그래야 오늘날 흔히 볼 수 있는 관계의 함정들을 피할 수 있다.

관계의 영역에서 자유라는 현기증 나는 조망과 맞닥뜨린 남성은 분명히 알아야 하고, 분화도 비범하리만치 일구어내야 한다. 외부나 내면에서 여성성과 관계를 맺는 남성이 우리 시대의 특징인 함정들을 피하려면 말이다. 우리는 이중 영혼에 관한 아프리카의 이야기에서 천상의 여인들을 살펴볼 것이다. 젊은 남성이 천상의 여인을 보면 거기에 압도되어 성배의 성에 너무 일찍 들어가 버린 트리스탄처럼 된다. 이야기에서처럼 빛의 아니마와 지상의 인간적 아니마를 분명히 알고 구분할 줄 알아야 사태가 달라진다. 어떤 여성적 요소와 생생하게 마주하거든 이 구분을 분명히 할 줄 알아야 한다는 것이 우리가 다루는 주제다.

내면이든 외부에서든 여성성이 인생에서 얼마나 중요한지 이해하는 남성은 별로 없다. 하지만 한 남성의 가치, 진가, 안전, 기쁨, 만족, 소속, 행복감 거의 전부가 내면의 여성성에서 비롯된다. 신이 남녀를 지으시고 그들에게 동등한 능력을 부여하셨다면(나는 창세기에 나오는 이브의 창조 이야기에서 '갈빗대'란 핵심 단어를 '옆' 혹은 '절반'으로 번역하는 게 좋다고 생각한다), 여성성의 영역인 섬세하고 미묘한 절반은 남성성의 영역만큼이나 힘이 있는 것이다. 남성은 거만하게도 힘과 소유, 지배가 행복을 가져다준다고 생각한다. 하지만 사실은 그렇지 않다. 행복은 오히려 남성 안의 여성성에 있다. 남성에게는 대체로 미지의 영역인 감정의 질에 말이다.

물론 좋은 남성성이 결여되면 그 남성은 약하고 비효율적이며 무용하다. 하지만 남성에게 힘과 의미, 가치를 일깨워주는 건 여성성이다. 한번 일깨워진 남성은 내면이나 바깥에서 쉽게 포착하기 힘든 여성성의 질을 찾을 줄 안다. 그렇게 우리는 안팎의 여성성을 찾게 되는 것이다. 사실 내면의 여성성을 깨닫는 것이 쉬운 일은 아니다. 우리가 사는 문화가 그런 것에 익숙하지 못하다. 어머니나 아내, 누이, 딸 같은 외부의 여성을 확인하는 건 상대적으로 쉽지만 말이다.

우리의 서구 가부장 문화를 형성한 바탕은 이제껏 현존했던 가장 발달한 문명을 산출한 모델이기도 하다. 우리의 과학, 고도의 물질적인 생활 기준, 엄청나게 확장된 교통과 소통의 능력 등 현대의 방만한 풍경은 죄다 감정 기능을 희생시킴으로써 얻은 것이다. 우리처럼 이성과 추상을 깊이 숭배하는 사회는 감정 기능의 여지를 거의 남겨 놓지 않는다. 과학적 탐구에는 냉정함과 객관성이 절대적으로 요청된다. 추상이란 말의 그리스어 어원을 보면 "~로부터 벗어나다"라는 뜻의 아브[ab]와 "서다"라는 뜻의 스트라헤레[strahere]의 결합어다. 그러니 어떤 것과 추상적인 관계를 맺으려면 그 대상에게서 조금이라도 떨어져 서야 한다. 그런데 떨어져 서는 것은 필경 감정 기능에 즉각 상처를 입힌다. 간단히 말해서 감정 기능에 귀를 기울여서는 추상적 과업을 달성할 수 없다. 추상의 냉정한 세계는 감정의 따스한 세계에 자리를 주지 않는다. 모든 여성이 내면과 외부의 남성이 보이는 이 감정의 결여에 고통을 겪는다. 그런데도 현대 생활의 이런 일방성에 대해 불평을 말하지 못한다. 그리고 남자들은 학교에서 추상과 이성이라는 현대의 기술을 익히면서 감정의 불모지로 변해간다.

동東인도 언어 대다수는 산스크리트어를 기반으로 하는데 산스크리트어는 감정이 풍부한 언어여서 사랑에 해당하는 말만 아흔여섯 가지나 된다. 고대 페르시아어에는 여든 가지가 있다. 그런데 그리스어는 세 개밖에 없다. 영어권에 있는 우리는 달랑 하나다. 에스키모 언어에는 눈에 해당하는 말이 서른 개나 된다. 워낙 눈이 그들 삶에 중요한 요소이기 때문이다. 우리도 관계에 서른 가지 단어가 있다면 인생의 중요한 차원을 더 잘 살필 수 있었을 것이다.

언어만 봐도 감정과 관계란 우리 사회에서 열등 기능임을 확실히 알 수 있다. 어떤 주제에 대해 언어가 부족하다는 것은 그 분야에 관한 관심이 희박함을 뜻한다. 우리는 정말 멋진 보잉 747기를 만들고 원자로도 갖고 있지만, 결혼생활이나 관계는 형편없다. 경이로운 기계들로 가득한 오늘날의 멋진 신세계가 형편없는 감정 기능의 질로 인해 전복될 수 있다는 것이 우리가 처한 위험 상황이다.

한 남성의 꿈에 등장하는 여성 인물들을 쓱 훑어보기만 해도 그가 인생의 행복과 안녕에 기여할 어떤 관계를 맺었는지 알 수 있다. 꿈속의 여인들이 밝고 그와 좋은 관계를 유지하고 있다면 그 남성은 실제로도 행복할 것이다. 그런데 그 여인들이 아프거나 약하거나 화가 나 있다면 꿈꾼 남성도 별로 행복감이 없을 것이다. 한 남성의 행복에 대해 이토록 상관관계가 많은 단일요소가 또 있는지 난 알지 못한다.

융 박사는 학생들에게 어떤 재능 있는 남자의 꿈을 연속해서 분석해준 적이 있다. 한 꿈에서 여인이 방에 들어와 양손을 그 남자의 머리에 얹고 슬퍼하다가 떠났다. 융 박사는 "그는 머잖아 알게 될 걸세!" 하고 말했다. 내면의 여성이 그를 승인하지 않고 떠나갔다는 사실은 그의 감정생활이나 가치 감각에 문제가 생길 것을 말해준다. 인도의 위대한 서사시 〈마하바라타the Mahabharata〉에는 왕이 샥티(우주의 여성 원리를 구현한 존재)를 경멸하는 언짢은 순간의 이야기가 나온다. 그러자 샥티는 몸의 일곱 입구를 닫고 숨을 막아버린 다음 머리끝으로 솟아서 원래 왔던 무형상의 우주로 돌아가 버린다. 이에 왕국의 모든 남성 요소들이 여성 원리를 잃은 상실감으로 비탄에 빠진다. 자기의 샥티를 무시하여 떠나게 만든 남성은 슬프다.

　남자가 내면의 여성을 잘 만나야 외부의 여성과도 좋은 관계 맺기가 수월해진다. 깊은 차원에서 보자면 여성성을 내부와 외부로 나누는 것이 옳지 않음을 인정해야 한다. 하지만 그 일치의 권한을 얻기까지 내면의 여성과 외부의 여성을 조심스럽게 분화하고 구별해야만 한다. 괴테의 걸작 『파우스트』는 "영원한 여성성이 우리를 줄곧 이끌 것"이라는 말로 끝난다. 안팎의 여성성을 통일된 관점으로 볼 권리를 얻은 성숙한 남성의 관점이 거기 들어있다. 괴테는 평생 고도의 의식 내면 작업을 거쳐 이 성숙함을 얻었다. 『파우스트』는 서구 문학이 내면 작업에 제공하는 훌륭한 안내자다. 그 위대한 영혼의 여정은 괴테의 자전적 기록으로 읽는 것이 제일 좋다. 괴테가 그 책에 그려 넣은 여정의 개요는 그가 인생에서 실제로 만났던 여인들뿐만 아니라 내면의 여인들과의 조우에서 얻은 것이다. 우리와 근접한 시대의 인물이 현대적인 언어로 저술한 안내 책자라고 할 수 있다. 내면 작업에 관한 한 우리는 괴테의 조언에 감사해야 한다.

여성성이 남자의 삶에 색채요 기쁨이요 활기라는 사실은 분명하다. 여성성이 없으면 남성은 빈곤에 시달리고 생기가 없다. 여성은 생명이다. 이 세상에 생명 부여의 원리와 연관되는 형태야 다양하지만, 그 모두가 여성성을 근간으로 한다.

어느 페르시아 신화는 다음과 같은 이야기를 감동적으로 들려준다.

태초에 신은 빛 한줄기를 만들었는데 이 빛은 멋대로 자유롭게 우주 공간을 날아다녔다. 그야말로 완전한 기동성이자 즐거움이었다. 그런데 신은 대지 한 덩어리도 만들어 우주 공간에 움직이지 않고 붙박여 있도록 했다. 이 또한 변함없는 여성성의 방식으로 완전한 기쁨이었다. 억겁의 시간이 흘러 마침내 피할 수 없는 일이 벌어졌다. 빛줄기가 땅덩어리와 부딪쳐 그 안에 갇히게 된 것이다. 빛은 그 갇힘에 경악하여 울부짖었고, 땅도 고요한 삶에 갑자기 발생한 격동에 숨이 막혔다. 하지만 양쪽 모두 새로운 삶에 헌신할 수밖에 없었다. 이 결합의 산물로 멜론이 생겨났다. 멜론은 생명의 물질적 요소와 물질에 스며든 빛의 영묘한 요소를 둘 다 함유하고 있었다. 페르시아 사람들은 멜론에서 만물이 생겨났다고 말한다.

이 이야기는 남성은 여성성이 없으면 천상을 에테르로 날아다니지만 아무런 생산성도 없는 불모의 빛에 불과함을 말해준다.

우리의 언어에도 구원이나 구속처럼 무게감 있게 존중해주는 단어들이 있다. 여기에 나는 현대인에게 꼭 필요한 단어 하나를 더하고 싶다. 그것은 바로 분화分化 differentiation* 다. 명료함, 뒤섞지 않기의 기술이다. 누가 부엌에 여러 재료—소금, 후추, 설탕, 식초, 양념 등등—를 하나로 뒤섞어놓은 채로 두었다면 어찌 요리하겠는가. 기술자가 연장을 날카로운 것이든 무딘 것이든, 젖은 것이든 마른 것이든 죄다

---

* 예컨대 아이의 심리적 발달에서 초기 미분화된 상태에서 신체적 자기, 정서적 자기 등이 분화되어 나오는데 그 차이와 경계를 의식해냈기 때문이다. 즉 분화란 의식화 과정이다. (역자 주)

같은 자루에 담아두었다면 작업을 제대로 할 리 없다. 심리학적으로 말하자면, 분화 및 명료성의 결여는 한 남성의 여성성과 관계된 삶에 비슷한 문제를 일으킨다. 우리가 여성성을 대하는 태도만큼 분화가 절실한 영역도 없다. 남자가 내면생활을 다루는 것처럼 사업을 무분별하게 했다가는 한 달 이내로 파산하고 말 것이다. 같은 이유로 우리 문화가 관계성에 있어 대체로 파산지경임은 놀랍지 않다.

여성성의 세계는 특히나 분화가 어렵다. 원래가 방만하고 형식과 질서에 저항한다. 남성적 형식의 경계를 흐리게 해서 부드러움과 상대성이 들어올 수 있게 만드는 것이 여성성의 의무다. 그것이 따스함과 즐거움을 낳는 건 맞지만 남성성의 형태와 질서가 충분히 유지되는 가운데에서만 안전하다.

어떤 남자가 어머니 콤플렉스를 아내와 뒤섞는다면 그 가정은 혼돈 지경에 이를 것이다. 아니마 개념과 딸을 구분하지 못하는 아빠는 딸에게 깊은 상처를 안길 것이다. 게다가 아내와 딸의 차이마저 구분하지 못하면 또 다른 비극이 예고된다. 여성성의 이러한 측면들은 제각기 그 자체로는 건강하고 성스러운 것이다. 하지만 아무렇게나 뒤섞이면

치명적인 독주가 된다. 그런데도 대다수 남성이 여성성에 대해 애매하고 뒤섞인 태도로 대한다. 그렇게 거룩하지 못한 뒤섞임에서는 시끄러운 일 말고는 나올 게 없다.

예전에는 이런 요소들이 전통과 법으로 잘 분류되어 있었다. 인생에는 매사에 옳은 방법이 정해져 있었다. 여성성 관련 영역에서 어떤 결정을 내릴 때 남자는 아내에게 의존하는 게 보통이었다. 여자도 남성성 영역에 관한 한 남편의 결정을 따랐다. 이런 방식의 삶에 대해 할 말이 많겠지만, 여하튼 진화는 이러한 단순 해결책을 넘어서는 방향으로 우리를 내몰았다. 남성도 내면세계의 자유를 요구하게 되었고, 특히나 여성은 오늘날 남성적 자기 결정권을 요구하고 있다. 권위로 모든 것을 정하던 옛 시대는 갔다. 그때는 자유는 희박해도 안전했다. 권위가 이끄는 대로 살면 그만이었고, 권위가 우리를 대신해서 모든 결정을 내려주었다. 그런데 우리는 권위가 삶의 중심이 되는 걸 포기했다. 이제 우리가 사는 현대 세계에서는 분화와 명료성에 기대어 지적인 결정을 내려야만 한다.

1부

여성성의 요소

남성의 여성성을 구성하는 주요 요소—내적으로나 외적
으로—를 살펴보자. 세심히 탐색해보면 더 많은 여성성 요
소를 찾아낼 수 있겠지만 여기서는 주된 것들만 살펴보겠
다. 그 후 남성이 이 요소들을 명료하게 분화시키지 않으면
발생하게 될 불경한 뒤섞음을 논해볼 수 있다. 남자의 일생
에서 야기되는 고통 대부분이 거룩하지 못한 혼합에서 발
생한다. 이런 뒤섞음은 치명적이다.

　남자가 살면서 경험하는 여성성의 주된 형태는 어머니,
어머니 콤플렉스, 어머니 원형, 누이, 아니마, 아내, 딸, 소피

아, 헤타이라Hetaira*, 우정, 동성애 형태의 여성성이다. 과연 남자의 일생에 등장하는 모든 고상한 감정적 요소와 지혜, 관계성이 여기 포함되는 것이다. 이 여성성의 요소들을 차례대로 살펴보자.

어머니

모든 남성에게는 어머니라는 또 다른 인간존재가 있다. 유한한 인격적 존재로 나름의 성격과 특성, 미덕과 약점을 지닌 어머니가 있다. 어머니는 남자의 일생에 가장 강력한 인물일 것이다. 그에게 신체를 부여해주고 먹여주고 길러주었으니까. 남자가 평생 여자에 대해 갖는 생각은 이 어머니를 통해 결정된다. 어린 시절 남자는 어머니에게 완전히 의존한다. 남자에게 어머니는 생명 그 자체다. 훗날 분리되어 나오더라도 여전히 어머니는 늘 '엄마'로 남는다. 대모, 어머니 대체물들, 심지어 사회기관을 어머니 삼는 것이 남자의

---

* 흔히 고급 기생쯤으로 이해한다. 하지만 이 책에서 헤타이라는 남성의 지적, 영적 동반자가 되어주는 여성이라는 면이 부각된다. 포르노이가 남성을 돼지로 전락시킨다면 헤타이라는 더 온전한 사람이 되게 한다. (역자 주)

삶에 큰 몫을 차지하지만, 모두는 인간 어머니의 연장선일 뿐이다. 여기서 주목할 핵심은 어머니는 인간이요 인격이라는 점이다. 그래서 여성성을 검토할 때 거듭 잊지 말아야 할 점은 어머니는 "저 바깥에 있는" 구체적인 한 인간이라는 사실이다.

어머니 콤플렉스

의심할 나위 없이 어머니 콤플렉스는 남성이 맞닥뜨리는 가장 힘든 것이다. 이 퇴행 능력은 심리적으로 어떤 것보다 단박에 남자의 일생을 박살낼 수 있다. 어머니 콤플렉스에 굴복하는 남성은 인생의 전투에서 패배자가 된다. 어머니 콤플렉스란 다시 유아기로 퇴행해서 돌봄을 받고 싶은 욕구를 말한다. 침대로 기어들어 가서 머리까지 이불을 뒤집어쓰고 책임감에서 벗어나고픈 것이다. 어머니 콤플렉스는 낙담처럼 기분으로 다가올 수도 있고 무력감이나 만사에 "진절머리가 나는" 걸로 나타날 수도 있다.

서구 신화에서 어머니 콤플렉스는 용으로 나타난다. 영웅이 되려면 이 용과 맞서 이겨내야 한다. 예나 지금이나 신화에는 불을 뿜는 끔찍한 용을 만나 간신히 승리를 거두는 이야기들이 있다. 용이나 어머니 콤플렉스를 정복한 이후에 영웅은 그를 기다리던 아름다운 처녀를 만난다. 성배 신화나 아서왕에 관한 이야기들은 용과 싸워야 하는 사춘기 투쟁을 잘 묘사한 이야기로 읽을 수 있다.*

어머니 콤플렉스에 다가서는 첫걸음은 그것이 실제 어머니와 무관하다는 사실을 이해하는 것이다. 인생에서 이 문제가 대두되었을 때 자신이 실제 무엇과 싸우고 있는지 아는 젊은이는 드물다. 그래서 자기 어머니라는 실제 여인에게 문제를 뒤집어씌울 가능성이 크다. 문제를 발생시키는 대상이 "저 바깥에" 있는 누군가가 아니라는 사실을 직시하는 것이 내면의 진짜 전쟁을 준비하는 지름길이다. 엄마는 "저 바깥에" 있는 구체적 인간이지만 어머니 콤플렉스는 언제나 내면의 문제다. 내면의 전쟁은 남자가 온갖 이유를 들이대면서 그만두거나 달아나려고 할 때 벌어진다. 어머니 콤플렉스가 정말 위험한 이유다.

---

* 내 책 *He: Understanding Masculine Psychology*(New York: Harper & Row, 1989) 개정판(『신화로 읽는 남성성, He』, 동연, 2006)에는 어머니 콤플렉스에서 벗어나는 젊은 남자의 연대기가 들어있다.

용과 사투를 벌일 때 젊은이가 이렇게 말할 수 있으면 정말 힘든 부분은 다한 게 된다. 즉, 나의 가장 큰 부분은 대학 학위를 원하는데, 작은 부분은 그런 것이 다 필요 없다고 생각하고, 중간 크기의 부분은 그 문제를 아예 회피하고 싶고, 또 다른 작은 한 부분은 뭐가 되었든 남이 옳은 거라고 말하는 걸 하고 싶어 한다고 구별할 수 있으면 말이다. 이때 어머니 콤플렉스(문제를 회피하고 달아나고 싶은 자신의 일부)가 자기 에너지의 작은 일부만 차지하는 젊은이는 삶과 좋은 관계를 맺고 있다고 할 것이다. 그런데 그것이 높은 퍼센트를 차지하고 있다면 내면 작업을 통해 그 에너지를 건설적인 초점으로 돌릴 필요가 있다. 어느 경우든 정직하고 분명해야 자신이 지닌 에너지를 의식적인 방향으로 가져갈 수 있고 내면의 전쟁을 치르지 않아도 된다.

지금도 기억하는 내 인생 사건이 있다. 그 사건이 내 안의 정직성을 일깨워 물음을 갖게 했고, 인생의 방향을 분명히 정하게 했다.

나는 적성검사 결과와 부모의 조언에 따라 공대에 입학했다. 그런데 하루는 어느 교수가 내 공학 도면을 보고 던진 간단한 질문 하나가 공학 관련 직업에 대한 내 혼란의

안개를 뚫고 들어왔다. "자네는 공학을 좋아하나?"라는 질문이었다. 나의 어머니 콤플렉스는 그토록 잘 분화된 질문을 견딜 재간이 없었다. 공학으로 미래 직업을 삼겠다는 내 계획은 싹도 트기 전에 이 질문의 적절함에 무너졌다. 지금도 교수연구실 바깥 콘크리트 계단에 넋 놓고 앉아 있던 내가 생생하게 기억난다. 그 질문을 빈은 이후에 용과의 사투가 벌어졌다. 내 인생에서 권위에 유순하게 복종할 것인가, 아니면 자신의 소명의식을 따를 것인가 사이에 충돌이 일어난 것이다. 교수의 단순한 질문에 내 즉답은 '아니오'였다. 그리고 그 대답이 내 인생의 다음 단계를 명료화하도록 이끌어줬다. 안전감을 얻기 위해 권위를 수동적으로 받아들이는 내 안의 어머니 콤플렉스를 분명히 보고, 또 나라는 개인의 특성이 무엇인지 분명히 볼 수 있었다. 그리고 비로소 내가 누구며 어떤 것이 나의 참된 직업인지 확실히 분화해낼 수 있었다. 내가 삼십 분쯤 뒤 콘크리트 계단에서 일어날 즈음에는 훨씬 성숙한 사내가 되어 있었다.

이 이야기는 어쩌면 나의 내면 본성과 외부 세계의 충돌로 들릴 수도 있다. 하지만 용과의 싸움은 언제나 내면에서 전진하려는 세력과 퇴행하려는 세력 사이의 전투다. 융 박사는 탁자를 치며 말하곤 했다. "그건 누구냐의 문제지 무엇이냐의 문제가 아니야!" 나 역시 용과 싸울 때 내가 누구인지 이해하게 되면 "무엇을 해야 하느냐"라는 실전적 문제는 상대적으로 쉽게 다룰 수 있었다.

어떤 젊은이가 허세를 부리며 잘난 척을 한다면 용과의 전쟁이 다가오는 것을 감지하고 두려워서 그러는 것이다. 이때 그 전쟁이 "저 바깥에" 있다고 생각하면 "저 바깥에" 있는 무엇을 해결한답시고 별 우스꽝스러운 요란을 떨게 된다. "저 바깥에" 조금이라도 진전을 이루려면 "이 안에" 자리해야 하는데 말이다. 젊은이들은 대개 심리적 말안장에 올라타 "저 바깥에" 무엇을 향해 용감하게 돌격을 감행하고 실패한다(왜냐하면, 용과의 전쟁은 내면에서 벌여야 하기 때문이다). 그리고 내면에서는 삶과 죽음의 균형추가 오락가락하는 두려운 순간을 맞이하고야 만다. 이처럼 삶에서 죽음을 다루는 요소가 바로 어머니 콤플렉스다. 젊은이라면 누구나 자기 인생의 절반을 완성하든지 날리든지 하는 경계선에서 벌이는 용과의 전쟁이 바로 그것이다. "저 바깥에" 있는 많은 걸 성취해야 남성다움을 획득한다고 생각하지만, 실제의 용 전쟁은 완전히 내면의 사건이다. 이 내면의 전쟁에서 승리해야 비로소 "저 바깥"에서도 성취할 줄 알게 된다. 세상을 향해 보여주고 자기 가치를 인정받을 만한 깃을 가졌기 때문이다. 하지만 "저 바깥"의 성과물이 아무리 쌓인들 그걸로 용과의 전쟁을 마감할 수는 없다. 그래서 세상에는 많은 걸 이루고 어마어마한 재물을 손에 쥐었지만, 여전히 내면의 용 혹은 어머니 콤플렉스에 취약하기 이를 데 없는 남자들이 연령대를 막론하고 그리도 널려있는 것이다.

어니스트 헤밍웨이는 외부의 전투─스페인의 투우, 전쟁과 항해의 모험 등─를 많이 치렀고, 훌륭한 문학작품도 내놨다. 하지만 그는 내면의 용을 정복한 적 없는 사람이다. 그래서 젊음이 사라지자 "저 바깥"에 행사할 힘도 남지 않았다. 결국, 그는 어머니 콤플렉스에 굴복하고 자살로 생을 마감한다. 십 대 중반에나 가질 법한 사춘기적 허세를 내내 지속하면서 어머니 콤플렉스를 제대로 해결하지 못한 남자가 어찌 되는지 잘 보여주는 예다. 용을 죽였어야 할 시점을 한참 지나고도 허세 부리는 걸 찬양해 마지않는 미국식 남성성이 어디로 귀결될지 보여주는 예다. 너무나 많은 현대 남성들이 외적 형태의 남성성만 떠들어대면서 내면의 용과 싸움에서는 패배하고 있다. 아예 전투에 결장함으로써 말이다. 남성의 이미지를 강화해주는 스포츠용품이나 고속차량은 수도 없이 팔려나가지만, 이것들은 슬픈 내체물에 불과하다. 한 젊은이가 내면의 용을 죽이고 어린아이로 돌아가 엄마 품에 기대고픈 욕망에서 자유롭게 되는 놀랍고도 끔찍한 전투의 대용품일 따름이다. 제대로 된 답 혹은 바른 결정은 어머니 콤플렉스를 떨쳐버릴 무언가를 하는 것이지 남성 이미지 강화 용품을 구매하는 일이 아니다. 하지만 카우보이를 가장 씩씩한 남성의 상징으로 삼는 문화에서 무얼 할 수 있을까? 카우보이란 말의 절반(카우)은 여성적이고, 나머지 절반(보이)은 미숙하다. 왜 황소 남자 bullman라 하지 않은 걸까?

성배 신화는 서구 문화에서 남자가 되는 법을 가르쳐주는 보물 창고로서 어머니 콤플렉스에 관한 이야기이기도 하다. 이야기에서 장차 영웅이 될 파르시팔은 성배(나중에 다루겠지만 이것은 어머니 원형에 대한 상징이다)의 환상을 보게된다. 파르시팔은 아버지 없이 자랐는데 그의 어머니는 파르시팔만큼은 결코 기사 같은 어리석은 짓을 하지 못하도록 막겠다고 결심했다. 왜냐하면, 파르시팔의 아버지도 그의 형들도 기사로 살다가 목숨을 잃었기 때문이다. 그런데 파르시팔도 세상에 나가 아버지처럼 기사가 되겠다고 하자 어머니는 통으로 된 옷 한 벌을 지어 파르시팔에게 입힌다. 이 통옷은 파르시팔의 어머니 콤플렉스를 상징하는 신화적 형태다. 어느 남자든 어머니 콤플렉스를 두르고 세상에 나간다. 하지만 그 옷을 입은 채 세상과 관계를 맺으면 패배할 일밖에 없다. 이 콤플렉스는 실제 어머니와는 무관하다(물론 피와 살로 된 실제 어머니도 자식을 자기 소유로 삼아 패배자의 씨앗을 심어줄 수도 있고, 아니면 자유를 주어 남자가 될 용기를 갖게해줄 수도 있지만 말이다). 여하튼 아들이 세상에 적응하는 과정에서 이 옷을 보호막으로 삼으면 늘 어머니 콤플렉스로 피난처를 삼으면서 진정한 사나이다움과 멀어진다. 이때 제아무리 허세를 부리고 심지어 지성을 쌓아도 어머니 콤플렉스라는 통옷을 입은 소년에서 벗어나질 못한다.

어머니 콤플렉스에는 패배하고픈 은밀한 소망이 숨어있는데 이를 알아야 용과의 싸움에서 보호받을 수 있다. 어머니 콤플렉스라는 여성성의 유산에서 이 대목을 모르면 그저 허세나 떨고 끝없이 자기 가치를 입증하려는 악순환에 빠지고 만다. 사실 내면의 용과 제대로 전투를 치렀다면

"저 바깥"의 남성성을 획득하는 건 그리 어렵지 않다. 다만 내면의 전쟁이 워낙 여성적인 것이라서 남자들로선 난해하고 당황스러운 것이 탈이다.

남자가 느끼는 어두운 기분이란 대체로 어머니 콤플렉스가 표면에 떠오른 것이다. 외부의 전쟁이라면 절대 지지 않을 크고 강한 남자가 기분에는 그토록 쉽게 무너지는지 희한하다. 위대한 영웅 트리스탄은 한 지역을 황폐하게 만든 용과 싸워 용을 죽인다. 그런데 다른 사람이 그 용의 혀를 잘라 자신이 그 용을 죽인 증거라고 떠벌리며 가짜 영웅(허풍과 야바위로 어머니 콤플렉스를 해결하려 드는 사람을 말한다)이 된다. 그런데 주머니에 숨겨둔 용의 혀에서 독이 새어 나와서 가짜 영웅을 해치는 바람에 그는 승리자인 척할 기운마저 잃게 된다. 용의 근처에 있는 사람이 위험한 것은 용의 독이 남자의 취약점인 기분을 공격하기 때문이다. 어머니 콤플렉스는 이토록 이상하고 은밀한 방식으로 작용하기 때문에 남자들이 헷갈리는 것이다. 여성성 요소와 싸우는 것은 물안개와 싸우는 일이다. 이때 거친 남성성이란 별 효과가 없다. 오로지 의식과 명료함만이 싸움의 도구로서 효과가 있다.

한밤중에 공항에 내려 일행과 버스를 타고 귀가하던 날

이 기억난다. 버스 안에 여섯 명 정도가 함께 타고 있었는데 서로 대화를 나누다가 자동차 얘기가 나왔다. 캐딜락 타는 사람, 재규어 타는 사람, 벤츠를 탄다는 사람이 있었고, 다른 사람은 BMW를 탄다고 말한다. 나는 공포를 느끼며 내 순서를 기다렸다. 도저히 내 남성성이 참아줄 수 없는 차를 나는 타고 다녔기 때문이다. 잠깐 거짓말을 할까도 생각했지만, 불쑥 내뱉고 말았다. "내 차는 폭스바겐 렌트카야." 나의 열등감 이면에는 동료들의 눈에 나의 어머니 콤플렉스를 들킬까 봐 두려운 마음이 있었다. 물론 다들 비싼 차를 타는데 나만 싼 차를 타고 다닌다는 비교의식이 가치관과 충돌이 일어나서 불편했던 것 아니냐고 생각할 수도 있다. 하지만 내 심리에는 그 절박한 순간에 어머니 콤플렉스가 승리할지도 모른다는 두려움이 있었고, 그것이 공포의 원인이었다.

위험한 모험을 고집하는 젊은이는 사실 어머니 콤플렉스를 얄팍하게 위장하고 있다. 죽음을 무릅쓰고 모터사이클을 위험하게 몰든지, 절벽에 불안하게 매달리는 짓은 궁극의 사내다움이 그런 것인 양 위장하는 어머니 콤플렉스의 가면이다. 실패하거나 죽고픈 은밀한 소원이 어머니 콤플렉스를 지닌 사내들에게 워낙 강하다. 그래서 자꾸 그런 퇴행적인 짓을 반복하면서 자신이 이겼음을 증명해야만 하는 것이다.

용과의 싸움은 남자의 일생에 결코 잊지 못할 상처를 남긴다. 인생의 기본이라 할 삶과 죽음 사이의 전쟁에서 거의 패배할 뻔했던 싸움이었기 때문이다. 모든 남성은 성기 안쪽에 상처가 있다. 태아에게 남성으로 결정되기 전의 시기가 있었음을 일깨워주는 상처다. 이 발달단계에서 태아의 성기는 여성 성기를 너무나 닮아있고, 아직 남성 성기로 분화되지 않은 상태다. 남성성은 수태 이후 태아의 삶 어느 시점에 이르러서야 등장한다. 더구나 심리적 남성성은 신체가 어느 정도 무르익은 후에야 등장할 수 있다. 상처는 또한 이 전쟁에서 완전한 승리란 없으며, 어머니 콤플렉스는 남자의 인생 여정에서 어느 시기든 등장해 마비시킬 수 있음을 일깨워준다. 신화에서 용과의 싸움은 한 번으로 끝나는 것으로 나오지만 실제로 그런 전투는 일생에 여러 차례 반복된다.

자살은 어머니 콤플렉스에게 당하는 최종 패배다. 자살하는 사람은 어머니 콤플렉스의 어마어마한 퇴행적 힘에 굴복한 것이다. 전쟁에서 용이 승리하고 죽음이 이긴 것이다.

남자가 인격이 아닌 기관에 어머니 콤플렉스를 투영하기도 한다는 사실은 그렇게 새로운 것이 아니다. 대학이나 교회, 클럽, YMCA 등이 종종 어머니 콤플렉스를 담는 그릇이 된다. 남자가 생을 회피하는 퇴행의 장소가 되곤 한다. 대학을 어머니 콤플렉스의 집으로 삼고 계속 학생 노릇을 하며, 영원한 사춘기 소년으로 사는 남성들이 꽤 있다. 물론 기관 자체야 아무 잘못이 없다. 기관을 그렇게 대하는 사람들의 태도가 문제다. 기관을 피난처로 삼는 일은 인생을 회피하고픈 의지를 감추는 위장술 중 하나다. 그런 어머니 콤플렉스 및 회피를 뿌리 뽑는다면 동일한 기관이 인생의 적법한 일부가 될 수 있을 것이다.

어머니 콤플렉스를 겪고 이를 해소하는 방식에 동서양의 차이가 있음은 흥미롭다. 무의식이 우리에게 드러내는 얼굴은 처음 우리가 무의식을 대하는 모습에 상응한다는 것이 기본 법칙이다. 내면세계가 적대적이고 용 같은 모습으로 등장하는 건 늘 우리가 먼저 그 세계를 적으로 삼았기 때문이다. 이때 서양의 방식은 영웅이 되어 장애를 넘고 길을 헤쳐나가 보물과 아름다운 처녀를 차지하는 것이다. 이렇게 영웅으로서 원하는 것을 향해 돌진하는 방식이 무의식에서 우리가 어머니 콤플렉스라 부르는 대립물을 불러일으킨다. 내면의 세계에서 보물을 억지로 빼앗으려 들면 이 시도를 좌절시키려는 엄청난 저항 역시 생긴다. 그리하여 영웅 대 어머니 콤플렉스의 대결 구도가 등장하는 것이다. 즉, 서양은 온 힘을 다해 전투에 나가서 용을 죽이고 보물과 미녀를 차지하는 방식이다.

동양은 이와는 아주 다른 방식이다. 동양 심리학에서는 뭔가 대립이 발생하면 뒤로 물러나 명상과 초연함으로 그 대립의 원인을 삼가라고 가르친다. 고요한 태도로 대립을 멈추게 하라는 것이다. 그래서 대립하는 힘이 가라앉으면 전쟁은 멈춘다. 즉, 동양의 처방은 신성한 무無, 위대한 공空, 고요, 창조의 무無, 열반, 그 정적의 점으로 대립을 중지시키라는 것이다.

우리의 영웅 신화 및 삶에 대한 태도를 동양과 비교 대조하면 서구 심리학도 엄청난 통찰을 얻을 수 있다.* 어느 한쪽이 다른 한쪽에 비해 더 낫다는 말이 아니다. 그리고 동

---

* 서양과 동양의 신화를 비교한 내 책 *Femininity Lost and Regained* (New York: HarperCollins, 1990)를 보라.

양의 방식을 채택하려는 사람은 주의해야 한다. 우리 서양인의 무의식 구조는 동양식 무저항의 방식에 잘 맞지 않기 때문이다. 그래도 비교 대조해보는 일은 양쪽 모두에게 유익하다.

리처드 모리스 버크^{Richard Morris Bucke}*가 서양식 영웅이라 할 월트 휘트먼^{Walt Whitman}의 선이 분명하고 주름진 용모와 어느 힌두 현자의 시간이 멈춘 듯 고요하고 소년처럼 주름 없는 얼굴을 비교했던 글을 기억한다. 버크는 서양인답게 자신은 세월의 흔적이 새겨진, 그래서 영웅적으로 보이는 얼굴을 선호한다고 고백했다.

동양과 서양의 방식은 둘 다 고귀하다. 하지만 양쪽 모두 알고 하는 게 중요하다. 자신이 선택한 길이 어떤 길인지 단단히 알고 행해야 한다.

어머니 콤플렉스같이 젊은 남성의 인생에 어두운 영향을 끼치는 것이라도 나름의 자리가 있다. 마침내 남자를 죽음에 맞아들이고 영원한 평화로 포옹하는 것이 어머니 콤플렉스의 창조적 측면이다. 물론 남성이 너무 일찍 이 콤플렉

---

* Richard Morris Bucke, *Cosmic Consciousness* (New York: Dutton, 1969).

스의 먹이가 되면 삶보다 죽음을 선호하면서 힘든 시간을 가질 수밖에 없다. 그러나 때를 맞으면 어머니 콤플렉스는 남성을 인생의 절정이자 종국에 이르게 한다. 옛 신화에는 남자의 일생을 매일 하늘을 가로지르는 태양에 비유한 것이 있다. 태양은 중력을 거스르고 바다의 유혹에 저항하며, 매우 남성적인 방식으로 자기 경로를 창의적으로 관통한다. 하지만 저녁이 되면 힘이 떨어져 어머니인 땅 혹은 바다를 향해 기울기 시작한다. 마치 태양은 내 것이라는 듯 맞아들이는 땅 혹은 바다와 더불어 태양은 마지막 순간에 자기 음경을 빼 들고 하나가 된다. 그럼으로써 다음 날 아침 일출의 재탄생을 기약하는 것이다. 어디든 서쪽 바다 인근에 사는 사람이라면 해가 지기 전에 공기밀도의 차이 때문에 태양이 음경처럼 늘어지는 환상적인 순간을 알 것이다.

이집트에서 석관은 바닥에 위대한 어머니의 몸을, 관 뚜껑에는 두 팔을 그려 넣는 일이 흔하다. 관에 시신을 넣는 건 어머니의 벌린 팔에 돌아가 안기는 일이다.

여정의 절정에 이르러 파우스트는 자기 그림자인 메피스토펠레스에게 어머니들의 장소로 가서 삼각대를 찾아 거기 열쇠를 꽂으라는 지시를 받는다. 이 순간은 파우스트 여정의 극점으로서 그토록 어두운 시기에 어머니 콤플렉스를 어떻게 하는 것이 적절한지 일러주는 이야기다.* 남자가 개인사에서 용과의 전쟁을 치르고 사내다움의 힘을 획득했을 때─이 얼마나 긴 전쟁인지!─ 비로소 어머니들의 장소로 돌아가는 대단히 위험한 여정을 감행하여 그 이어짐을 회복할 수 있다. 이 일은 축복받은 사람만이 가능하다. 그 여정을 감당할만한 남성성의 힘과 명료성이 충분해야만 가능한 것이다. 비범한 사람이나 할 수 있지 아무나 할 수 있는 일이 아니다.

한 사람 안의 심리 요소들은 그게 무엇이든 제 자리에 있기만 하면 다 쓸모가 있다. 문제는 잘못 놓인 요소들이고, 모든 잘못과 악이 거기서 나온다. 어머니 콤플렉스도 제 자리에 있으면 건설적으로 작용한다.

---

* 어머니 콤플렉스를 잘 사용하는 법에 관해 자세히 설명한 내 책 *Transformation: Understanding the Three Levels of Masculine Consciousness* (『돈키호테, 햄릿, 파우스트: 인간 의식 진화의 세 단계』, 도서출판 동연, 2023)를 보라.

어머니 원형

어머니 콤플렉스라는 어두운 주제에서 어머니 원형이라는 고상한 영역으로 화제를 옮기는 것만으로도 위안이 된다. 어머니 콤플렉스가 젊은 남자에게 그토록 위험한 것이지만 어머니 원형은 순금이다. 모성, 생명, 양육, 지지, 힘에 관한 고귀한 영역이다. 어머니 원형은 언제나 전 방향에서 우리를 감싸고 있다. 우리가 숨 쉬는 공기요 물이자 우리를 살리는 전체 물질 우주다. 어머니 원형 없이 우리는 일 초도 생존할 수가 없다. 어머니처럼 우리를 보살펴주는 모든 것, 그래서 우리가 기댈만하고 우리를 자애롭게 길러주는 신성한 본성의 세계 전체를 말한다. 어머니 원형을 가리켜 신의 절반에 해당하는 여성성이라 해도 과언이 아니다.

어머니 콤플렉스와 어머니 원형은 우리가 관계 맺는 방식이 제각기 다를 뿐 같은 실재라고 봐야 한다. 누가 연약해서 퇴행할 때는 이 모성 원리가 파괴적으로 비치고 남자에게 최악의 적이 된다. 하지만 힘이 있으면서 이 원리를 동등하게 대접하면 힘의 전체 세계를 얻을 수 있다. 특히 생명과 내구성 같은 여성적 성질의 힘을 말이다.

젊은 남성이라면 누구나 어머니 콤플렉스를 어머니 원형으로 변화시켜야 할 과제가 있다고 간단히 말할 수 있다. 그 과제를 이루려면 늘 퇴행적으로 불평해 버릇하는 성질을 인생에 대한 안전감 및 자연스럽게 성취하는 힘으로 전환해야 한다. 어머니 원형의 힘을 받는 남성은 힘과 능력이 있는 사람으로 세상을 본다.

파르시팔과 통옷에 관한 이야기로 돌아가 보면, 파르시팔이 어머니 콤플렉스를 몰아내고 힘을 획득할수록 성배와의 관계가 성숙해지는 모습을 보게 된다. 이때 성배란 어머니 원형을 상징한다. 이야기에 의하면, 십 대 중반의 파르시팔은 우연히 성배가 있는 성에 들어가지만, 아직 필요한 질문을 할 줄 몰랐다. 그 질문을 할 수 있어야 원할 때면 언제고 성에 들어갈 수 있다. 통옷(어머니 콤플렉스)에 파묻혀서 파르시팔은 침묵했고, 아직 성배 경험을 의식화할 힘이 없었다. 파르시팔이 통옷을 벗어버릴 때까지 20년의 인생 경험이 필요했다. 그리고 순행에서 성배를 목격하자 이때는 제대로 된 질문을 던지고 성배와 지속해서 만날 수 있는 권한을 얻을 수 있었다. 파르시팔의 신화는 어머니 콤플렉스를 어머니 원형으로 전환할 수 있었던 한 젊은 남성의 이야기다. 남자의 일생에서 이보다 큰 보상도 드물다.

남자의 인생을 셋으로 나누고 그 중간 시기에 갖는 경험의 상당수가 어머니의 통옷을 벗어버리고 성숙한 기사가 될 수 있는 의식과 통찰을 얻는 문제와 연관된다. 파르시팔은 이 시기에 기사로서 의무를 다했다. 용과 싸우고, 여인을 구하고, 포위당한 성을 구출했는데 이 모든 것이 성인이 되는 데 요구되는 일들이었다. 요즘 식으로 표현하면 "다 자란" 남자가 되고 "나, 나의, 내 것"을 넘어서는 일이다.*

콤플렉스를 원형으로 전환하는 과제를 이루지 못하면 남자는 성인 세계에서 자기 자리를 갖고 남자의 일을 할 줄도 모르고, 성숙한 관계를 맺을 줄도 모르게 된다. 이 전환 과정에 어떤 결함이 생기면 갑옷에 생긴 허점과도 같이 끝내 취약점으로 남는다.

누이

남자가 인생에서 용과의 싸움을 통해 어머니 콤플렉스

---

* 이 과정을 자세히 설명한 내 책 *He: Understanding Masculine Psychology* 『신화로 읽는 남성성, He』 (동연, 2006)를 보라.

를 정복하고 어머니 원형의 위엄을 어느 정도 알고 나면 우리가 거만하게도 '현실' 세계라 부르는 것을 들여다볼 채비가 된 것이다. 이때 현실에서 맞닥뜨릴 여성성의 첫째 모델이 누이다. 어머니는 실제의 어머니라고 해도 남자의 태도가 워낙 안개 속이라 남자에게 어머니는 실제라기보다 신화에 가깝다. 반면 누이는 여성성의 형태로 다가오는 '현실'이다. 누이를 통해 남자는 자신이 이해할 수 있는 실제 살과 피로 된 여인을 처음 접하는 것이다. 누이는 동료요 친구이자 수수께끼, 믿고 비밀을 털어놓을 막역한 사이이자 동맹, 경쟁자다. 그리고 여성성이라는 신비의 영역에 발을 들여놓게 하는 시초이기도 하다. 대체로 누이는 남자가 처음 접하는 비슷한 또래의 여성일 것이다. 따라서 누이가 보여주는 모습은 남자의 일생에서 여성을 대하는 태도의 상당 부분을 결정짓는 요소가 된다.

누이란 멋지고도 안전한 세계다. 이제 곧 남성의 주의를 잔뜩 끌 여성이라는 신비 영역에 남자는 누이를 통해 입문한다. 애정과 순박함은 이 관계에서 큰 가치가 있다.

남자에게 누이는 아니마의 서곡이다. 남자의 세계에 머잖아 등장할 아니마의 엄청난 세계와 만날 준비를 시키고 힘을 주는 것이 누이다. 남자의 배경에 좋은 누이 이미지가 있다는 것은 장차 연애와 결혼의 난해한 세계와 맞닥뜨릴 준비가 괜찮게 되었음을 의미한다. 즉, 누이란 연애의 세계라는 확장판에 대비한 '시운전'과도 같다.

여성성의 여러 면에서 상처가 많았던 어느 젊은이를 기억한다. 이 친구가 꿈을 꾸는데 누이를 먼저 만나야 구원의 여성상인 "눈이 반짝거리는 여자"를 만날 수 있다는 꿈이었다.[*]

누이를 먼저 만나야 신비한 치유의 세계를 경험할 수 있는데, 어머니 콤플렉스가 너무 심해서 누이와의 만남이 그동안 심하게 손상되었음을 일러주는 꿈이다. 꿈에 누이는 잠깐 등장했지만, 남자에게 절대 필요한 아니마와 어머니 사이를 잇는 가교가 누이다. 그러므로 누이가 있는 남자들은 인생 초반부에 그런 발달을 이룰 수 있었음에 감사해야 한다.

아니마를 다루는 대목에서 누이란 여성성의 신비 세계에 입문케 하는 존재로 남자의 일생에 대단한 영향력을 갖는

---

[*] 이 멋진 꿈에 대한 설명을 보려면 내 책 *Inner Work*(『내면작업』, 동연, 2011)을 보라.

다는 사실이 더욱 분명해질 것이다. 융 박사는 아니마를 남자의 의식에 있는 인격과 존재의 심층인 집단무의식을 잇는 매개자로 정의한다. 그렇게 이어져야 남자는 지상에 사는 동안 행복하고 자신이 귀중하다는 가치감을 가질 수 있다. 이때 누이는 이 마법의 세계로 들어가는 문이다. 남자가 무의식의 세계에 갖는 태도에 영향을 주는 것도 누이다.

남자는 누이를 통해 여성성이라는 마법의 세계와 처음 대면한다. 아직 이 세계가 성과 어른의 최고 출력으로 채워져 있지는 않지만 말이다. 누이가 없거나 있어도 신통찮았던 남자는 여성성의 마법 세계에 들어갈 입장권이 없는 셈이다.

인생 말년에 누나에 기대어 살았던 한 남자를 기억한다. 그는 늘 기품 있게 행동했는데 이런 말을 했다. "대공황, 그 어려운 시기에 내게 첫 양복을 사준 사람도 누나고, 나더러 늘 가슴을 펴고 자신을 믿으라고 말해준 사람도 누나입니다. 잊을 수 없지요." 이런 것이 남자에게 물려주는 누이의 유산이다. 이런 유산을 받은 남자는 인생을 잘 출발할 수 있다.

누이는 대체로 한 사람의 일생에 긍정적인 영향을 주기

쉬운 존재다. 다만 누이의 이미지가 여성성의 다른 측면에 오염될 때 어둡거나 파괴적으로 변한다.

우리 문화에서는 누이의 이미지를 순진함의 처소에 배당한다. 모든 것이 제 자리에 있었던 에덴동산의 일부로 말이다. 하지만 다른 문화권의 누이 이미지를 살펴보면 깜짝 놀랄만한 힘과 깊이가 있다.

근친상간은 대부분 문화가 그렇듯 고대 이집트에서도 동일하게 여지없이 금기사항이다. 근친상간의 정황이 발각되면 재판이나 논의 과정을 거치지 않고 죽였다. 하지만 파라오만큼은 자기 누이와 결혼하는 게 의무였다. 파라오의 아내 자리를 다른 여자가 차지할 수는 없었다!*

이것만 봐도 남매의 관계에는 우리 문화권에서는 별로 파헤치지 않은 깊이가 있음을 짐작할 수 있다.

그리스신화에는 마우솔루스와 아르테미시아 남매의 이야기가 나오는데 이들은 아버지 헤카톰누스가 죽자 왕국을 물려받는다. 남매는 결혼해서 함께 왕국을 다스리는데 이때가 왕국이 가장 평화롭고 아름다웠던 황금기다. 마우

---

* 이 난제를 논한 내용을 보려면 내 책 *Femininity Lost and Regained* (New York: HarperCollins, 1990)를 보라.

솔루스가 죽자 아르테미시아는 그를 위해 무덤을 만드는데 이 무덤이 헬리카르나소스의 마우솔로스 영묘로 고대 7대 불가사의 중 다섯 번째에 해당하는 걸작이다. 영묘나 능으로 번역되는 영어의 마우솔레움mausoleum도 마우솔루스의 이름에서 온 말이다. 이 이야기 역시 우리 문화권에서 많이 탐색하지 않은 남매의 관계유형을 말해준다. 그토록 친밀감이 두드러진 관계인데도 말이다.

성 아우구스티누스는 남매의 결혼을 반대했는데 그 사랑이 감당하기 힘들 정도일 수 있다는 게 이유다.*

우리 시대 역시 전반적으로 이 관계를 주목하지는 않지만, 남매 관계에는 불가해한 깊이가 있다. 니체가 쓴『나의 누이와 나』라는 비범한 책을 읽어보면 누이 이미지가 감수성 예민한 남자에게 어떤 영향을 미치는지 알 수 있다.**

우리 문화는 젊은 남녀의 신비를 남성과 아니마의 차원에만 국한하고 남매라는 원형적 심층은 대체로 무시하고 있다.

---

* 그리스 신화와 성 아우구스티누스에 관한 내용은 베티 스미스(Betty Smith)에게 빚진 바 크다.
** Friedrich Nietzsche, *My Sister and I* (New York: Amok, 1990).

아니마

아니마는 진정한 마법과 신비의 세계다. 남자의 행복과 자존감에 그토록 영향을 주는 것이 아니마이지만 이처럼 불가사의한 것도 없다. 남자에게 기쁨도 주고 혼란스럽게 하고 고통을 주기도 하지만 남자는 이 마법의 내면세계에 대해 아는 바가 별로 없다!

이 난해한 주제를 탐색하기 위해서는 융 박사의 정의로 시작하는 게 좋겠다. 아니마를 발견하고 이름을 붙여 오늘날에 소개한 인물이 그다. 그가 아니마란 용어를 선택한 까닭은 아니마의 특징이 생명을 주고 활기를 불어넣는 것이기 때문이다. 다른 말로는 영감을 주는 여인^la femme inspiritrice, 뮤즈, 시의 소리, 안내자, 영혼의 인도자라고도 한다. 아니마는 헬레네,* 베아트리체,** 캉디드*** 등의 이름을 탄생시켰다. 그리고 이름이 무엇이든 남자의 마음에 각인되어 청년의 영혼을 일깨우는 역할을 한다. 모든 미덕과 영감이 아니마의

---

* 고대 그리스 이야기에서 수천 척의 배를 출전시킨 장본인.
** 단테의 신곡에서 불멸의 존재가 된 여성.
*** 볼테르의 철학적 풍자 소설에 등장하는 인물로 '순진한'이라는 뜻의 이름을 가진 청년. (편집자 주)

부드러운 손길에 둘러싸여 있는 것 같다. 아니마는 남자의 영혼을 데려가는 내면세계의 여주인이다. 융 박사는 아니마를 남자의 의식적 인격과 본성 심층의 집단무의식을 이어주는 중개자라고 말한다. 우리를 본성 심층과 그 신비에 접하도록 이끄는 모든 영혼 인도자 중에서도 아니마는 여왕이다. 아니마는 영감을 불어넣고, 시를 닐라나주며, 지하세계를 안내해주고, 격려(문자적으로 '마음을 강하게 해주다'는 뜻)해주는 실재이자, 무엇보다 중요한 것은 의미의 운반자라는 점이다. 내면과의 연결성을 통해 남자의 삶에 의미와 가치를 불어넣어 주는 것이 아니마의 마법이다. 아니마가 현현해있을 때–내면의 심층 세계에서든 아니면 외부에서 남자가 아니마의 힘을 부여한 인물 앞에서든– 아니마를 인정해주는 고갯짓이나 부적 같은 손짓 하나만으로도 남자의 인생 전체가 의미 있고 정당한 것이 되기에 충분하다.

플라톤은 남성 안의 타자 아니마를 찾는 문제를 잘 묘사했다. 원래 인간은 둥글게 생겨서 그 안에 남성과 여성의 요소를 모두 담고 있었다는 것이다. 그런데 이 둥근 존재가 육체를 갖고 태어날 때는 둘로 갈라져 절반은 남성, 절반은 여성이 된다. 그리고 이 절반들은 원래의 둥근 형태를 상실한 터라 자신이 뭔가 완전치 않다고 느끼며 평생 잃어버린 절반을 찾아 헤맨다는 것이다. 이는 외적으로 소위 완전한 배우자, 영혼의 동반자를 찾아 그토록 시간과 에너지를 쏟고, 내적으로는 뭔가 막연히 불만을 느끼며 의미를 찾는 모습에서 확연하다. 사실 살면서 생명력의 많은 부분을 이 두 방향에 소진한다. 그리고 가치나 삶의 의미에 관한 느낌 대부분도 그런 식의 언어로 표현된다. 찾아 헤맴을 자각하면 인생의 비밀에 아주 가까이 다가선 셈이다.

그런데 탐색에 있어 남성과 여성은 아주 다른 경험을 한다. 우리가 소위 남성성과 여성성을 구별하게 되는 특징들이 그런 데서 비롯된다. 그 차이를 자각하는 것이 중요하다. 연애를 중심으로 인생 전반부의 미로를 더듬어갈 때나 의미를 찾는 후반부의 미로를 헤맬 때나 마찬가지이다. 인간에겐 완결성을 원하고 또 엑스터시와 전체성 같은 종교적 경험을 원하는 갈망이 있는데 남성성과 여성성은 같은 갈망의 두 측면일 뿐이다.

남자에겐 여성성의 신비를 경험함으로써 자신의 남성성 일변도를 넘어서고자 하는 목마름이 있다. 그래서 남자는 부드러움, 따스함, 친절함의 영역에 호기심과 당혹감을 느끼면서 발을 들여놓는다. 이때 그가 원하는 것은 무엇보다도 자기 남성성 세계의 정당성을 승인받는 것이다. 여성성의 가치만이 이 정당성을 부여할 수 있다. 남자가 의미의 선물을 발견하는 것, 그래서 자신의 존재와 행위를 승인받는 것만큼 달콤한 일이 없다. 남성은 이러한 완결성을 여성성의 영역에서 찾는다. 실제 피와 살을 지닌 여인이든 내면의 여성성을 통해서든 간에 말이다. 신화 속 남성들은 늘 대단한 공을 세우고 머나먼 여정과 순례의 길을 떠난다. 하지만 이 모든 것은 아름다운 숙녀의 인정하는 고갯짓 하나 또는 부적 같은 뭔가를 얻어내려고 벌이는 것이다. 여성은 따로 하는 일이 없이 성에서 마냥 그를 기다린다. 영웅이 그녀 또는 그녀로 대표되는 원리를 위해 위대한 행동을 하고 위험을 무릅쓰고 전투를 벌이는 동안에도 여전히 기다린다. 신화를 문자적으로 받아들이면 세상 속 여성의 역할이 무척이나 형편없다. 하지만 신화는 내면세계에 속한다. 신화의 내용을 내적으로 받아들이면 남성의 절반인 여성성을 지키고 돌봐야 함을 일러준다.

남자와 여자는 그렇게 서로에게서 제각기 다른 경험을 얻고자 한다! 남자는 정당함과 따스함, 친절을 얻어 이미

지닌 모나고 직선적인 남성성에 더하고자 한다. 이해받기 원하는 갈망은 남자가 지닌 특징 중 가장 강한 것이다. 인정의 고갯짓, 부적, 심지어 말 한마디 듣는 것만으로도 남자에게 의미의 정수요, 영혼이 되는 것이다. 수 없는 영화와 소설이 영웅의 인정욕구, 사랑하는 이에게 승인받고자 하는 목마름을 다뤘다. 불붙는 욕구를 채우기 위해서는 어떤 여정도 길지 않았고, 어떤 영웅적 무훈도 위험한 것일 수 없다. 남자가 거만으로 자기 존재의 승인을 얻으려 드는 것은 서툰 짓이다. 사실 남자는 취약해서 인정받지 못하면 견디지 못한다. 자신의 숙녀가 가볍게 비웃기만 해도 모든 승리는 재로 돌아가고 만다. 그런데 여자는 남자의 이런 심리를 잘 모른다. 자신이 남성에게 어떤 힘을 가졌는지도 알지 못한다.

아니마 역시 내면 차원에서 같은 법칙을 따르지만, 형태는 훨씬 미묘하다. 이 영역에서 남성은 기분에 좌우되어 산다. 그의 여성적 측면이 내면에서 살아가는 방식이 그러하다. 내면의 여성이 승인의 뜻으로 고개를 끄덕여주든 생명의 흐름을 보류하든 남자에게 미치는 효과는 외부의 여성과 동일하다. 남자가 기분이 좋지 않을 때는 외부의 아니마

관계 실패로 세계가 산산조각이 나는 것과 동일하게 무기력해지는 것이다. 내면에서든 외부에서든 자기 숙녀에 의해 상처를 입으면 남자는 에너지를 잃는다. 남자의 힘과 기운의 주인이 그녀이기 때문이다. 기분이 좋지 않은 남성은 해시계가 달빛에 비쳐 틀린 시간을 알리는 것과 같다.

여성은 남성성에 대해 아주 다른 걸 요구한다. 안정, 보호, 형태, 질서, 분명함, 자유가 여성이 자기 남성에게 바라는 것이다. 그런데 그는 제대로 알아듣지 못하고 거창한 계획이나 허황된 전망을 내놓는 실책을 범한다. 남성의 몰이해가 여성에게는 심한 상처가 된다. 남자와 여자는 종종 밤에 항해하는 배들 같다. 스쳐 가는 데도 서로 알아보지 못하는 것이다. 우리 시대가 바라는 관계의 존엄성과 자유를 얻고자 한다면 이런 몰이해의 밤은 종언을 고해야 한다. 남녀가 서로 상처를 주는 건 상대방의 말 없는 그러나 절박한 요구를 이해하지 못하는 데서 비롯된다. 동반자의 이상하고 낯선 필요를 알아주는 것이야말로 관계의 진짜 천재성이다.

영국의 어느 귀족이 전담 변호사를 만나 최대한 조용하게, 소리소문없이 이혼하게 해달라고 요청했다. 변호사는 그 귀족과 부인이 상담자를 만나 한 시간을 보내는 조건으로 그렇게 하겠다고 했다. 상담치료자는 현명한 사람이어서 귀족이 어느 스물한 살짜리 서커스 여성과 사랑에 빠졌음을 알아냈다. 귀족은 그 아가씨 없이는 살 수 없다고 했다. 그러자 부인이 그동안 숨겼던 비밀을 조심스럽게 꺼냈다. 사실 부인이야말로 서커스 공연자가 되길 원했던 사람이었다. 하지만 그 시대의 엄격한 영국식 관습에 갇혀 부인은 그 소망을 삼켰고, 부부의 오랜 결혼생활에서도 드러낸 적이 없었다. 이야기는 행복한 결말을 맞는다. 둘 사이에 어떤 대화가 오갔는지는 독자들의 상상에 맡기겠다. 여하튼 두 사람은 절망에 이르기까지 관계에 굶주리다가 마지막 순간에야 서로 말이 통하게 된 것이다. 결혼한 부부가 인생의 가장 예민하고 중요한 차원을 놓고 서로에게 귀를 기울이지 않는 모습은 흔하다. 남자와 여자의 언어는 매우 다르지만 사실 그들은 같은 말을 하고 있다. 귀 있는 자는 들을진저….

아니마가 끝내 남자에게 내면의 경험이기만 한 것인지는 따져봐야 한다. 우리 문화에서는 남자가 아니마의 특성을 피와 살로 된 여성에게 투사하는 것이 항상 일어난다.

하지만 아니마가 영혼의 속성을 지니며 남성의 심층 내면을 집으로 삼는다는 본질이 어디로 가지는 않는다. 피와 살로 이루어진 여성도 남성의 삶에 엄청난 힘을 갖는다. 그러나 아니마는 모든 남성 내면에 있는 영혼의 장기다. 뒤에 가서 남성들이 어떤 오염과 덧칠을 해서 이 영혼의 속성을 제대로 보지 못하는지 탐구할 것이다. 여하튼 아니마는 너무 강력해서 남자가 인생 전반부에서는 직접 파악해내기가 힘들다. 그래서 그 실체를 어느 여성에게 투사하지 않고는 못 배긴다. 아니마가 불러일으키는 심오한 종교적 경험을 이해할 수 있기 전까지는 사정이 그러하다. 아니마를 실제 여성에게 투사하는 건 인생의 내적 의미를 놓치는 일이다. 더 나쁘게는 현실의 인간적 차원에서 인생의 동반자를 제대로 보지 못하게 만든다. 약혼녀나 아내가 여신이길 바라는 남자는 피할 수 없는 비극의 씨앗을 뿌리는 셈이다. 필경 그녀는 여신이 될 수 없으니 남성이 사실은 신성한 여성성을 향한 갈망에 눈이 멀었던 것일 뿐이다. 게다가 남자는 한 인간존재로서 그녀를 보는 일에도 실패한다.

남자의 일생에는 큰 보물이 두 개 있다. 아내와 내면의 아니마다. 둘은 동등하다. 하지만 둘은 끔찍하게도 서로를 흐리게 만들 수 있다. 이 두 강력한 세력을 구분할 줄 아는 것이 외적 관계도 내적 의미로 제대로 챙길 수 있는 필수조건이다.

아니마를 "생명 없는" 무생물에서 찾는 일도 가능하다. 하지만 이 경우 그 대상은 마술적인 방식으로 "생명을 갖게" 된다. 거의 사람처럼 차를 대하는 젊은이, 혹은 악기를 신줏단지처럼 모시는 젊은이를 생각해보라. 아마 여성적인 이름을 거기 부여했을지도 모른다. 물건인데 보물처럼 여기거나 신성시한다면 아니마의 잠재적 운반구일 공산이 크다. 남자들보다 그런 일을 더 잘 이해하는 여성들 관점에서 남자들의 주물숭배를 얼마나 말없이 참고 지켜봤을까? 여성들은 사태를 단박에 꿰뚫어 볼 수 있는데 말이다. 지적인 남성조차도 아니마 유혹에 넘어가곤 한다. 반면 여성들은 이것을 바로 알아차린다. 물론 여성은 내면에서 아니무스의 마법에 걸려들곤 하니 마찬가지라 해야겠지만… 그 주제는 다른 책에서 다룰 문제다.

아니마는 별반 신기할 게 없는 것처럼 남성의 삶에 이중적인 형태로 다가오는 것이 보통이다. 그 점을 부정할 수 없는 것이 언제나 아니마가 등장할 때면 남성의 행동에 분명한 흔적을 남기기 때문이다. 보통 두 종류의 아니마 인물이 나타나는데 제각기 남성이 경험하는 여성성의 빛과 어둠을 내표한다. 빛에 해당하는 아니마는 대개 이상적으로 우아하고 고귀하며 금욕적이지만, 어둠에 해당하는 아니마는 집시요 불법이며 사납고 탐미적이고 혼란스럽다. 아니마의 이중성이 드러나는 방식은 젊은이가 처음에 금발 아가씨와 데이트했다가 다음엔 흑발 여성과 데이트하면서 아니마의 신비를 캐는 식으로 단순할 수 있다. 하지만 트리스탄 전설처럼 유별난 비극으로 나타날 수도 있다. 트리스탄은 하나는 천사 같고 다른 하나는 지극히 인간적인 두 이졸데 어느 편과도 제대로 관계를 맺을 수 없었다. 이쪽저쪽이 서로 오염시켰기 때문이다.* 이렇게 이중적 아니마를 겪는 일이야말로 남성의 삶에서 견디기 힘든 고통 가운데 하나다. 그리고 현대 세계는 그에 대한 답이 없다. 문화권마다 아니마의 이중성을 대하는 태도가 다양하다. 어떤 문화권에서는 일부다처제를 허용하거나 첩을 두게끔 한다. 어

---

* 이 주제를 상세히 탐색하려면 내 책 *We*(『로맨틱 러브에 대한 융심리학적 이해, We』, 동연, 2008)를 보라.

떤 문화권은 아내 외에 정부를 두는 걸 묵인하는 식이다. 우리 문화의 공식적 입장은 한번 결혼했으면 살면서 다른 아니마 경험은 죄다 무시하든지, 아니면 결혼을 반복해서 여러 번 하든지… 아니면 또 뭐가 있을까? 여하튼 가능성은 무궁무진하다. 하지만 그중 어느 것도 아주 만족스럽지 않다. 누가 그 주제에 관해 나름 최선의 원칙을 고수하더라도 살아보지 못한 아니마는 침체하여 부정적이 되거나 죽어버려서 그 남자는 중년에 아주 무기력해지고 만다. 반대로 누군가는 요즘의 흐름에 따라 아예 아니마가 자기 인생을 지배하게 하고 거기 아무 규율도 가하지 않는다. 오늘날 관계의 특징이라 할 혼란 상태에 빠지고 만다. 이상적인 해결책은 아니마 이미지를 담은 여인과 결혼하되 내면의 아니마는 예술이나 창의적 활동으로 만나는 것이다. 우리 시대의 큰 문화적 과제 가운데 하나가 남성 안의 이중적 아니마를 창의적으로 다룰 해결책을 찾는 일이다.

아프리카 민담에는 아니마의 이중성을 놀라우리만치 명료하게 보여주는 이야기가 있다.

한 아버지가 젊은 아들에게 경고하기를 "밤에 천상의 여인이 찾아와 옆에 눕겠다고 할 것이다"라고 말했다. 아버지는 그 여인이 얼마나 아름답고 고혹적인지 설명하면서 만약 여인의 말에 동의했다가는 아침에 죽는다고 알려준다. 아버지는 아들에게 닥칠지도 모를 위험이 자꾸만 더 염려스러웠다(혹시 자신의 젊은 날에 이 여인을 겪은 적이 있었던 걸까). 그래서 천상의 여인이 모를 동네로 아예 이사를 해버렸다. 하지만 부모가 어디 가고 없던 어느 날 밤 천상의 여인이 아들을 찾아와 옆에 눕겠다고 청한다. 경고를 받았건만 아들은 여인의 아름다움에 넋을 잃었다. 그래서 그날 밤 자기 옆에 누워도 좋다고 허락하고 만다. 아침이 되자 아들은 죽었고 여인은 겁에 질린다. 여인은 전혀 젊은이를 해할 의사가 없었다. 그래서 여인은 근처에 사는 샤먼을 찾아가 도움을 청한다. 늙은 샤먼은 큰불을 지피고 뜨거운 중심부에 도마뱀을 던져 넣었다. 그리고 누구든 자진해서 불 속으로 들어가 도마뱀을 꺼내올 정도로 젊은이를 사랑하는 사람이 있다면 죽은 젊은이가 되살아날 것이라고 했다. 천상의 여인이 시도했지만 실패한다. 젊은이의 어머니도 시도했지만 실패한다. 아버지 역시 실패하고 만다. 워낙 불이 뜨거웠기 때문이다. 그런데 젊은이를 사랑했던 마을의 수수한 아가씨가 불 속으로 걸어 들어가더니 도마뱀을 꺼내왔다. 평범한 인간적 사랑이 젊은이를 되살릴 힘을 갖고 있었던 것이다. 아들은 깨어났고 이야기는 이렇게 행복한 결말로 끝날 뻔했다. 하지만 한 가지 에피소드가 더 남았나. 늙은 샤먼은 잔치를 벌이려는 마을주민들을 향해 아직 한 가지 결정이 남았다고 말한다. 샤먼은 다시 불을 지피고 도마뱀을 불길 한복판에 던져 넣는다. 그리고 젊은이더러 불 속으로 들어가 도마뱀을 꺼내오면(이제 젊은이는 그럴 수 있는 능력을 갖췄다) 수수한 처녀는 살지만, 어머니는 죽을 것이라고 했다. 도마뱀을 그냥 불 가운데 놔두면 반대로 어머니는 살지만 수수한 처녀는 죽을 것이다. 이야기는 여기서 끝나기 때문에 젊은이가 어떤 결정을 내렸는지는 알 수 없다. 다만 남자라면 누구나 인생에서 희생의 결단을 해야 할 순간이 온다는 사실만 알려주고 끝난다.

이 이야기에는 큰 힘이 있다. 남자에게 있는 아니마의 이중성을 선명하게 일러준다. 천상의 여인은 빛의 아니마다. 수수한 처녀는 지상의 현실에서 인간적으로 관계 맺을 줄 아는 능력을 말한다. 그런데 천상의 여인을 만난 젊은이는 일상생활을 전혀 하지 못한다. 그를 되살리는 건 수수한 처녀, 즉 지상의 관계 능력이다. 지상 복귀 과정은 어머니에게로 초점이 모이고, 남자는 이제 어머니 아니면 아니마를 담은 지상의 여인(창조적 능력) 사이에서 선택해야 한다.* 어머니를 선택하고 수수한 처녀를 희생시키기로 하면 그는 차기 샤먼이 될 가능성이 크다. 하지만 수수한 처녀를 선택하고 어머니를 희생하면 평범한 인간 생활을 할 능력을 획득하는 것이다. 선택을 할 수 없다면 양자 모두 잃게 된다. 물론 여기서 희생시킨 게 어느 쪽이든 나중에 가면 회복할 수 있게 된다. 의식이 성장해서 여성성의 이 모든 요소를 제 자리에 돌릴 능력이 생기기 때문이다. 젊은 남자는 누구나 이런 경험과 선택에 직면한다. 자신만의 삶, 자신만의 방식으로 고유하게 말이다.

아내

아니마의 무서움을 이해하고 나서 피와 살로 된 인간을 만난다면 얼마나 다행인가! 아내야말로 착각할 수 없이 너무나 분명한 인간이다. 나름의 성격이 있고 무게와 실체가

---

* 이 이야기는 천상의 아니마와 어머니 원형이 잘 분간이 안 가는 아프리카의 원시 설화 중 하나다.

있는 속 시원할 정도로 명확한 인간이요, 함께 동반자 관계를 맺을 수 있는 대상이다. 어느 여성성의 실재도 이런 특징을 갖고 있지 못하다. 결혼의 오랜 역사를 들여다보면 남성들이 아내를 대하는 방식은 실로 다양하다! 아내는 노예나 일꾼, 가재도구, 일 부리는 나귀이기도 하고, 동반자, 여주인공, 여신, 성 노리개이기도 했다. 남자는 아내에게 오만가지 역할을 뒤집어씌울 수 있는 것 같다. 하지만 정작 한 인간으로서 아내를 보지 못하는 어이없는 모습을 보인다. 아내를 고유한 한 인간 존재로 대접하는 것이 남자가 아내에게 표하는 최고의 경의일 것이다. 그동안 상담하면서 수도 없이 남자들에게 이런 말을 했다. "집에 가거든 삼십 분만 아내의 말에 귀를 기울여보십시오. 그리고 아내도 한 인간임을 느껴보십시오!" 그런 사람에겐 계시가 임할 것이다.

그런데 서로 다른 차원을 뒤섞어 오염시키면 아내와의 관계는 최악으로 치닫게 된다. 최악의 신경증 구조를 아내에게 덧씌우는 셈이기 때문이다. 이 오염에 대해서는 뒤에 가서 살펴볼 것이다. 아무튼, 여기서 남편이 아내에게 갖는 태도야말로 가장 심각한 오염과 덧칠이 일어나는 지점이라는 것만 말하기로 하자. 실제 한 사람으로서 자기 모습을 인정받는 아내는 몹시 드물다.

어느 전통문화든 아내와 관계를 강제하는 형식과 구조가 있다. 순박한 옛사람들도 남편과 아내의 관계란 감당하기 힘든 복잡성에 빠지기 쉬워서 안정을 위해서는 엄격한 형식에 담아야 한다는 지혜가 있었다. 요즘은 뭐든지 자유를 모색하는 터라 이 전통의 관계도 심각한 위험에 빠졌다. 이제 남편과 아내의 관계를 세심하게 재정립해야 할 때가 되었다.

딸

딸과의 관계는 정말 인간적이며 제대로만 한다면 복잡할 게 없다. 돌봐주고, 안정감을 주고, 길러주고, 인간 세상에 발을 들여놓게 하는 것이 아버지가 딸에게 주는 선물이다. 아버지의 선물을 받을 수 있었던 복 있는 딸은 안심하고 어른의 세계에 안전감을 품은 채 입장한다.

아버지 앞에서 천진난만할 수 있음이 딸의 권리다. 딸이 성인 세계에 자리할 준비가 되면 아버지는 딸을 남자에게 넘기는 것이 옛 관습이다. 그때부터 그 남자가 딸을 성인의 관계로 이끄는 것이다. 너무 고루하고 고지식해 보이는 관습이지만 아버지와 딸의 관계가 어떤 것인지 나름 나타내준다. 지금이야 많이 달라져서 현대 여성들은 관습을 경멸하면서 이 남자에게서 저 남자로 "건네지기"를 거부한다. 하지만 관계 구조의 어떤 면은 여전히 남겨둘 가치가 있다. 남성은 자기 딸을 인생의 다른 단계로 이행시켜줄 책임이 있다. 특히 자란 집을 떠나야 할 때가 되면 더욱 그러하다. 떠나는 이유는 남편이나 직장 때문일 수도 있고, 순전히 독립하기 위해서, 여성의 생득권이라 할 개인성을 추구하기 위해서일 수도 있다. 어느 경우든지 아버지에게서 힘과 안전이라는 선물을 이별 선물로 받을 수 있어야 한다. 아버지가 딸에게 주는 최고의 선물이다.

순진무구함은 아버지와 딸 사이의 상호작용을 이끄는 지배자다. 그런데 아버지가 경계선을 지키지 않고 딸을 여성성의 다른 영역으로 옮겨버리면 엄청난 위험이 생긴다. 아버지가 여성성의 여러 측면을 제자리에 둘 줄 알아야 아버지와 딸의 관계는 늘 생기 있고 자연스러운 기쁨을 맛볼 수 있다.

소피아

소피아는 남성이 자주 경험하지 못하는 심층의 여성성이다. 심층의 권한을 획득한 자만이 이 여신에 접할 수 있다. 소피아는 광대하고 비인격적이며 늘 고대성의 오라를 두르고 있다. 그녀는 자연의 빛luminae natura, 즉 땅속이나 달로 표상되는 지혜를 전해준다. 태양은 남성성의 지혜와 빛을 표상한다. 반면 달, 땅에서 나는 기름으로 은은한 빛을 내는 램프는 소피아의 부드럽고 인간적이며 따스한 지혜를 상징한다. 소피아는 모든 여성적 미덕의 총합이다. 그래서 여성성의 여러 측면을 무분별하게 뒤섞어 서로 오염시키지 않으면서 합일할 줄 아는 남성에게만 소피아는 나타난다. 남자는 합일이 요구되는 인생의 시점에서 소피아의 천재성에 기댈 수 있다.

연금술―심리적 통찰의 보고寶庫이건만 원시적 화학실험 정도로 종종 오해받는―은 이 합일의 과정을 시적 언어로 그린다. 첫 단계에서 니그레도Nigredo, 즉 인생의 어둠과 우울, 절망을 만난다. 이 단계를 넘어서면 알베도Albedo, 즉 밝음과 유쾌함을 만난다. 그다음에는 생명의 빨강이라 할 루베도

Rubedo를 만나는데 이는 열정, 성취, "붉은 피의 성질"이다. 마지막 단계는 시트리노Citrino로 인생의 황금을 말한다. 이는 통찰, 수행, 지혜, 영감을 의미한다. 이상의 네 단계를 거친 사람은 파반Pavanes(공작의 꼬리)에 도전할 권리가 생긴다. 모든 색깔이 서로를 받쳐주면서 빼어난 무늬를 드러내는 것이 파반이다. 그런데 이 도전을 제대로 해내지 못하면 무지개 일곱 색깔의 혼합인 갈색을 얻는다. 잘 해내면 생명의 광채를 상급으로 받는다. 소피아는 이런 "공정함"의 지배자다.

소피아는 화해자이기도 하다. 남성성의 날카로운 단면과 차별성을 부드럽게 하고 인간적이고 세속적인 터치를 더해준다. 소피아는 그림자와 어둠이 넉넉해서 뭐든지 까칠하게 단정해버리는 남성성을 좀 흐리게 만들어줄 수 있다. 그녀의 빛 아래는 뭐든지 이 땅에서 할만하고 살만한 것이 된다. 제우스는 그 태양의 광채가 너무 강해서 견디기 힘들다. 하지만 소피아의 부드러움이 중재하면서 비로소 올림퍼스의 참된 영광이 발현된다. 지식 그 자체만으론 너무 날 선 것이기에 사람이 견디기 힘들다. 달의 여성성만 있으면 너무 산만하고 부정확해서 대책이 없다. 하지만 소피아는 영원한 지혜로 너무 날 서지 않은 빛, 인간 삶에 감탄할 만큼 적절한 의식을 찾게 해준다.

헤타이라

헤타이라는 특정한 종류의 여성-혹은 모든 여성의 그런 특정한 면-을 이르는 그리스어다. 동반자요 지적 대화의 상대이자 우아함과 아름다움을 보유한 여성, 영감을 주는 여성을 말한다. 모든 여성은 헤타이라가 될 수 있는 재능을 갖고 있다. 그런데 어떤 여성들은 유독 그것이 강해서 그 특성이 온 인격 구조를 지배한다. 우리 시대라고 그런 특성이 어디로 간 것은 아니다. 하지만 우리에겐 적절한 용어가 없고, 여성의 그런 면을 제대로 분간할 줄도 모른다. 고대 그리스에서 헤타이라를 고용하거나 파티에 초대해서 그 여성만이 제공할 수 있는 아름다움과 우아함을 발산하도록 했다. 헤타이라는 교육을 잘 받거나 온갖 대화 주제에 정통해서 모임에 참신한 매력을 더하는 재능이 있었다. 이는 모인 사람 모두 귀중하게 여기는 공헌이었다. 그녀는 청순하게 옷 입고, 예의 바르고 우아하게 말하며, 사람들에게 기쁨과 따스함을 전했다. 헤타이라는 결코 창녀가 아니었다. 사람들은 여왕을 대하듯 감히 헤타이라를 만질 생각조차 하지 못했다. 여성성 최고 존엄과 품위의 형태가 헤타이라다.

여성성 유형에 대한 강의가 끝난 후 눈물을 철철 흘리며 찾아왔던 여성을 잊지 못한다. 그 여성은 흐느껴 울며 내게 감사했다. "전 창녀가 아니라 헤타이라 여성이었네요!" 그녀가 한 말이었다. 우리 문화의 미분화, 감정 영역의 언어 결핍이 그 여성으로 부정적인 자아상을 지니게 했다. 사실 그녀는 최상의 여성성을 남성들에게 표현할 수 있었던 것뿐인데 말이다. 헤타이라 기질을 잘 발달시킨 여성들이 비참한 생활을 한다. 다른 사람들 눈뿐만 아니라 자신도 스스로를 평가절하하기 때문이다. 우리 문화에는 헤타이라 특성을 적절히 담을 표현 양식이 없다. 그래서 죄책감을 안고 위장하며 살든지 억압하고 짓눌러 질식하게 만든다.

헤타이라 여성들은 이용당한다고 느끼는 경우가 많다. 이들의 사생활은 전혀 존중받지 못한다. 헤타이라 여성들은 결혼을 대체로 하지 않는다. 헤타이라 기질은 비개인성이 강해서 일상적인 삶이나 가족 같은 인간관계에 취약하다. 헤타이라 여성이 여성의 통상적인 과업 같은 건 이루지 못한 채 인생 황혼기에 접어드는 경우가 많다. "저는 꼭 쥐어짠 레몬 같아요"라고 말한 여성이 있다. 이 여성의 헤타이라 기질이 늘 남을 우선시하지만 정작 여성으로서 자신의 삶은 고갈되게 만들었다.

일본에는 지금도 게이샤가 있어 헤타이라 여성들에게 문화적 양식을 부여한다. 하지만 현대의 일본에서 게이샤는 애초의 존엄성을 많이 상실하고 고급 창녀처럼 인식되곤 한다. 하지만 원래는 고대 그리스가 헤타이라의 특성에 이름을 부여하고 존중했던 것과 같은 기원이 있다. 내가 아는 한 서양에는 헤타이라 여성을 위한 양식이 존재하지 않는다.

오래전에 타고난 헤타이라 여성을 만난 적이 있다. 순전히 그녀의 우아함을 누리기 위해 그녀의 아파트를 가끔 방문하곤 했다. 미리 세심하게 약속을 잡는 것도 품위를 말해주지만, 무엇보다 이 여성의 매너는 내 안에서 최선의 것들을 끌어내는 힘이 있었다. 그녀가 건네주는 차 한 잔은 살아 움직이는 신화였다. 그녀 앞에서 내 지성이 한껏 살아나 그녀의 오라 안에 들어가기 전에는 알지 못했던 것들을 알수 있었다. 그녀의 현존에 자극받아 무엇인가 새로운 생각이 떠올랐고, 그것을 얘기하면 그녀는 한쪽 눈썹을 올리며

"아!" 했다. 그러면 나는 더욱 자극받아 더 많은 지성이 샘솟아 올랐다. 그러면 그녀는 다른 눈썹마저 올리며 내가 말한 것을 인정해주었다. 칠층천Seventh Heaven*이 따로 없었다.

차 한 잔과 케이크에 가려진 불륜 아니냐고 쉽게 말할 사람들도 있을 것이다. 그러나 이 관계에는 따로 용어를 마련해주어야 할 특질이 충분하다. 그리스인들도 그렇게 생각해서 헤타이라라는 존경스러운 명칭을 마련했다. 일본 문화에서는 그런 여성들을 게이샤라고 했다. 하지만 우리는 그런 여성들에 대해 무지해서 가장 고귀한 여성성 가치 중 하나를 놓치고 만다.

우정

남녀 사이의 우정이란 어려운 것이라 예상치 못한 일이 있을 수 있다는 인식은 좀 이상하다. 얼른 생각해봐도 우정이란 참 쉽고 복잡할 게 없는, 아주 자연스러운 따스함과 안

---

* 유대인들은 하늘이 일곱 층으로 이루어졌다고 생각했는데 최고 높은 하늘인 셈이다. 시편의 "하늘과 하늘들의 하늘" 같은 표현에서 이런 생각이 드러난다. (역자 주)

전의 안식처 아닌가. 남성이 여성성의 여러 측면과 맺는 관계가 성숙하다면 남녀 사이의 우정도 불가능한 게 아니다. 물론 그런 경우가 아니라면 남자는 확실히 남녀 사이보다 원시적인 양식 중 하나에 빠져들고 말 것이다. 이때 소위 남녀 사이의 우정이란 그러한 원시적 교환 양식이 위장된 것에 불과하다. 성숙한 남성만이 여성과의 우정이 가능하다.

성숙한 남성은 여성과 점잖고 부드러운 상호작용이 가능하다. 인생의 정감 어린 순간들을 돌아보면 대개 이러한 관계 언저리에 몰려 있다. 우아하고 고귀하고 아름다우며 평온한 교감이 남녀 사이의 우정이라는 구조 안에서 가능한 것이다. 인생의 어느 차원도 거기 비할 만한 게 드물다. 이러한 상호작용을 아는 사람은 행운아다.

중국 문화는 우정을 말하는 세련된 방식이 있다. 친구와 나누는 다섯 번째 차가 가장 맛이 좋다는 격언이다. 옛날 중국에서 차는 찻잎을 잔에 넣고 뜨거운 물을 부어 마시면 그만인 간단한 음료다. 격언을 설명하자면 이렇다. 친구끼리 첫 잔을 마실 땐 바깥세상에서 긴장하고 바쁘게 지내다가 와서 급하게 마시기만 하고 우아함이 별로 없다. 두 번째 물을 부을 때는 차를 우려내느라 조금 더 시간이 걸린다. 이 맛이 조금 더 낫다. 세 번째는 조금 더 걸린다. 마침내 다섯 번째 우려낼 때는 차의 맛이 충분히 배어날 정도의 시간이 흐른 다음이다. 그래서 다섯 번째 차는 좋은 우정의 상징이다. 서양보다는 내성적이라 할 중국인들조차 우정의 심도를 차의 횟수, 즉 조용한 시간의 흐름으로 가늠했다. 다섯 번째 찻잔이라는 상징성에는 더욱 미묘한 암시마저 들어있을 법하다. 영어에서 정수 혹은 전부를 의미하는 퀸테센스quintessence는 '제5원소fifth essence'라는 말에서 비롯되었다. 정수를 얻으려면 시간이 걸린다.

호모에로틱 관계

호모에로틱 관계라는 안개 지대로 첫발을 들이자마자 우리를 당혹하게 하는 것은 용어 부족이다. 워낙 잘 모르는 영역인지라 임시변통으로 언어를 도출할 수밖에 없다. 여성성의 한 기능이라 할 관계성 영역을 탐색할 때처럼 영어가 서툴고 부적절한 언어로 보일 때가 없다. 그러니 오늘 우리가 역사에서 가장 관계에 서툴고 외로운 사람들이라는 게 하나도 이상할 게 없다.

호모에로틱은 그리스 신 에로스에서 온 말이다. 여기서 중요한 단서는 에로스가 희생자의 가슴에 화살을 날리지, 성기에 날리는 게 아니라는 점이다. 따라서 호모에로틱 관계를 논할 때 단순한 성적 교환과는 무관하게 다룰 것이다. 이와는 달리 동성애는 동성인 두 사람이 성적으로 연결된 관계에 들어가는 것을 말한다.

남성의 호모에로틱은 대극, 즉 다른 남성의 여성성과 관계할 수 있는 기능이다. 거기엔 두 남자 사이에 아주 특정한 정서적 교감이 있을 수 있다. 다른 어떤 관계에서도 찾을 수 없는 고유한 특성들과 함께 말이다. 성에 기초하지 않은 친밀감이란 관계의 가장 정제된 것이면서 가장 미묘한 측면이다. 우리 문화는 이런 것까지 싸잡아 일반적인 동성애 항목에 묶어버린다. 하지만 이런 종류의 친밀감은 나름의 용어를 따로 마련해주어야 할 만큼 특별한 것이다. 물론 이 용어는 새로 발명하거나 되찾아야 할 무엇이다. 우리 사회에서 호모에로틱 관계의 자리란 공식적으로는 없기 때문이다. 속어가 부분적으로 그 공백을 메워주었는데 버디buddy(남자단짝)나 사이드킥sidekick(짝패), 혹은 호주에서 메이트mate(짝꿍)라고 하는 정도다. 남자들은 라커룸 식 농담이나 조롱으로 남자끼리의 정이나 동지애 같은 것도 행여 동성애 티가 날까 봐 몹시 경계하며 거리를 두곤 한다.

남자들은 감정의 지뢰밭을 요리조리 피하면서 친한 동성 친구와 함께 시간과 정감을 나눈다. 정서에 관한 한 빈곤하기 짝이 없는 우리 언어의 금기를 건드리지 않도록 몹시 조심하면서 말이다. 남자들끼리 오가는 감정은 대체로 수건 후리기, 거친 말, 허세, 뻐기기, 가벼운 말로 위장된다.

하지만 이 강력한 남-남 관계 혹은 여-여 관계 밑바닥에 있는 건 무엇일까?

언어적으로 가능한 건 그 상호관계를 동성애의 하위구조로 삼고 이제는 상당히 대중에게도 알려진 동성애 관계 특질과 함께 묶는 일이다. 하지만 내가 보기엔 호모에로틱성은 구별해서 보는 것이 정당하며, 언어도 따로 마련해주어야 할 영역이다.

인도가 내게 준 가장 큰 선물은 호모에로틱 관계성의 생생하고 찬란한 세계를 갑작스러운 계시처럼 열어주었다는 점이다. 그토록 안정된 관계양식으로 따스함과 헌신, 민감성을 교류할 수 있음을 알고 엄청나게 기뻤다! 남-남, 여-여 관계가 힌두 삶의 방식에 따스함과 안정성을 더해준다는 사실을 나는 인도에서 보았다. 그들이 느끼는 행복감의 큰 부분이 관계 능력에서 기원한다는 점을 파악하는데 그리 오래 걸리지 않았다. 나의 힌두 친구들이 안전과 행복, 기쁨을 이 남자 대 남자의 관계에서 수확해내는 모습을 나는 부러운 마음으로 지켜보았다. 그렇게 쉽고, 복잡할 게 없고, 따뜻하며, 안정된 방식의 교감을 본 적이 없다. 전에 알지 못했던 관계의 금광을 찾은 것이다. 더 반가운 것은, 내게도 호모에로틱 관계의 능력이 있고 굉장히 빠르게 거기 적응할 수 있었다는 점이다. 물론 호모에로틱 세계에 관해 서양인으로서의 편견을 내려놓으면서 말이다. 첫 인도 여행 직후 꿈을 꾸었는데 죽은 나무 그루터기가 된 빅토리아 여왕을 불도저로 밀어버리는 꿈이었다. 모든 사람이 호모에로틱 관계의 능력을 타고난다는 사실을 나는 얼른 알게 되었다. 그런데 우리 서양인들의 세계는 이 삶의 풍부한 한 측면을 놓치고 있다. 감정의 측면에서 보자면 우리는 죽한 그릇에 권리를 팔아넘긴 셈이다. 덕분에 우리는 지칠 줄 모르고 많은 것을 얻기는 했다. 하지만 동성 간의 친밀감이라는 내면의 황금을 대가로 치렀다.

힌두 방식에 따르면 인도 젊은이는 평생에 두 번 결혼하게 되어있다. 먼저 단짝과 결혼한 다음 아내와 결혼하는 식이다. 사실 이 지점에서 나는 주제를 팽개치고 달아나고픈 충동을 느꼈다. 도무지 그런 것을 지칭할 단어나 어휘를 떠올릴 수 없었기 때문이다. 결혼을? 남자하고? 우리네 의미 구조로는 도대체 그런 생각을 담아낼 재간이 없다. 도움이 될 만한 언어 형태를 어디서 찾을 수 있을까? 사실 우리에게는 없다. 그래서 남자들이 할 수 있는 가장 따뜻하고 가장 힘이 되는 상호작용의 어떤 면을 부정할 수밖에 없었다.

힌두 청년은 어린 시절에 어떤 친구와 단짝이 된다. 그리고 이 둘의 긴밀한 관계는 공동체가 알아주고 존중해준다. 둘 중 하나가 곤란한 일이 생기면 다른 하나는 자동으로 단짝을 찾아가 돌보는 일에 헌신한다. 하나가 불명예스러운 짓을 하면 다른 하나도 덩달아 불명예스럽게 된다. 이 둘 사이의 동일시와 유대는 평생 지속한다. 이런 식의 깊고, 관계성의 온갖 단면을 담아내는 유대란 서양인에게는 낯선 것이다. 하지만 비슷한 것이 아메리카 인디언 부족 문화에서 발견되기는 한다.

16세 언저리에 이르면 힌두 소년은 비슷한 또래 여성과 결혼을 한다. 이 두 번째 결혼 역시 평생 지속하는 유대관계다. 내 힌두 친구는 그것보단 좀 늦은 나이에 결혼했는데 내가 도착할 때까지 예식을 연기했다. 그는 나를 단짝(이 관계에 적절한 용어 어디 없을까?)으로 지명했기 때문에 나도 자연스레 그의 결혼식이 남의 일 같지 않은 느낌을 경험할 수 있었다. 그로부터 2년 뒤 나는 친구와 그의 첫 아이를 보러 인도에 갔다. 그런데 사람들이 아이가 자기 부모보다 피부색이 연한 것을 가리키며 "로버트 때문이야"라고 말하는 것이었다. 이 말은 서양인이라면 누구나 듣는 사람을 당황하게 하는 나쁜 농담으로 생각했을 것이다. 하지만 전통 힌두인들은 내 삶이 친구의 삶과 그 정도로 밀접하게 얽혀있음을 당연시했다. 내 지갑은 친구와 공동재산이었고, 나한테 필요한 건 곧 그한테 필요한 것이었다. 우리는 여러 면에서 태도도 비슷했다(물론 나는 아무래도 보다 개인주의적 환경에서 자랐기 때문에 어려운 점도 없지는 않았지만). 그러니 내 연한 피부색도 친구와 내가 공유하는 거로 생각하는 것이다. 미국에 있는 내 친구들이 인도가 내게 준 영향을 말하면서 이 비슷한 말을 해줄까?

그런데 단짝이 결혼해서 가정을 꾸리면 어떻게 되는 걸까? 그러면 둘 다 비슷한 경험을 공유하면서 인생의 모든 면에서 서로 돕고 동행하는 사이가 된다. 이들은 많은 시간을 함께 보내면서 정말 안정된 관계 가운데 특별한 정과 동지애를 나눈다. 나는 힌두인의 삶을 보면 얼마나 안전하고 안정된 느낌을 주는지 놀랄 때가 많다. 본성의 양면 모두에서 힘을 얻는 탓이다. 동성의 단짝, 이성의 아내가 있어 인생에 힘들었을 때마다 그를 도와주니 말이다. 서양의 생활 방식에는 아플 정도로 결여된 요소이다. 힌두 여성들도 비슷한 유대관계를 가지면서 뒤에서 받쳐주는 힘을 경험한다.

서양에도 힌두의 비범한 호모에로틱 관계에 필적할 만한 것이 전혀 없는 건 아니다. 하지만 사례를 말하려면 이제는 별로 의식하지도 못하는 먼 옛날로 거슬러 올라가야 한다. 구약에는 다윗과 요나단 같은 단짝들이 안정된 친밀감을 나누는 예가 나온다. 신약에서는 그리스도와 요한 사도가 그 예에 해당할 것이다.

아메리카 인디언들의 호모에로틱 관계성은 블랙 풋 부족에서 찾아볼 수 있다.

같은 무리의 소년들 가운데에는 또 다른 밀접한 파트너 관계가 있다. 비슷한 또래 소년 둘이 긴밀한 동반자가 되는 것이

다. 아이 때는 함께 놀고, 여자애들과 연애할 때는 서로 돕고, 전쟁터에도 함께 나가고, 필요할 때면 언제고 서로 조언하고 지원해주는 관계다. 한 친구가 전투에서 상처를 입으면 다른 친구는 위험을 무릅쓰고 그를 안전한 곳으로 옮긴다. 그래서 전투가 끝나면 부상당한 친구가 집으로 무사히 돌아갈 수 있도록 돕는다. 이렇게 파트너가 되어 서로 돕고 친밀한 우정을 나누는 일이 평생 지속하는 경우가 많다.*

그리스 신화의 쌍둥이 역시 두 남자의 친밀한 유대를 말해주는 한 예시다. 이야기인즉 레다라는 여성에게 반한 제우스는 백조로 변신해서 그녀의 품에 안긴다. 제우스가 레다를 임신시킨 날 밤 레다는 인간 남편과 동침해서 또 임신한다. 그 바람에 레다는 쌍둥이를 두 쌍이나 배게 되는데 이를 디오스쿠리Dioscuri(제우스의 아들들)라 부른다. 쌍둥이 한 쌍은 폴룩스와 클리템네스트라로 제우스가 아버지다. 다른 한 쌍은 카스토르와 헬레네로 아버지가 인간인 쌍둥이다.

---

* 미첼 워커(Mitchell Walker)가 뉴욕 분석심리학회 학술지 1976년 봄 호에 실은 논문에서 인용. 워커 박사는 같은 자료를 J. Ewers, *The Blackfoot* (Norman: University of Oklahoma, 1958), 105에 실은 바 있다.

그런데 카스토르와 폴룩스는 단짝이 되어 온갖 영웅적 모험을 함께 한다. 하지만 카스토르는 불멸의 존재가 아니었기 때문에 결국 죽고 만다. 폴룩스는 동반자를 잃게 되자 상심한 나머지 세상에서 아무것도 할 수 없게 된다. 제우스는 자기 아들인 폴룩스에게 불멸성을 선사했지만, 폴룩스는 단짝 카스토르 없이는 살 수 없기에 이를 거절한다. 그래서 제우스는 둘 다 신들과 함께 살게 해주면서 저마다 이승과 저승을 번갈아 살도록 한다. 그런데 둘의 우애가 너무 깊은지라 이 또한 제우스를 힘들게 했다. 결국, 제우스는 둘을 하늘의 별로 올려 함께 지내게 했으니 이를 제미니 곧 쌍둥이자리라 한다. 둘은 하늘에서 영원히 포옹하면서 우리 인간에게 호모에로틱 관계의 고귀함을 일깨워주고 있다.

이것이 동성 간의 친밀한 관계를 말해주는 그리스 신화의 이미지다. 이 쌍둥이 이미지는 우리와 줄곧 함께하면서 이런 종류의 관계에 깃든 인간적이면서도 신적인 상호작용을 환기해 준다. 인성의 고귀함은 이런 관계를 모체로 계발된다. 관계 안의 상호작용을 통해 남성은 자기 본성에서 최상의 것을 끌어낸다. 신성한 것과 지극히 인간적인 것이 서로를 채워주며 공생하는 관계를 통해서 말이다.

| 2부 |

여성성 요소의 오염

여성성과의 모든 만남이 옳고 유익하지만, 여성성의 형태를 혼동하는 것은 남자의 일생에 그 어떤 것보다도 곤란을 일으킬 수 있다. 그 하나하나는 순수하고도 비범하지만, 형태를 무차별 혼동하면 어떤 어둡고 곤란한 문제가 발생하는지 살펴볼 차례다. 여성성의 모든 형태를 경험하는 것이 남성의 과제일지는 모르나 굳이 혼란스러운 형태와 씨름할 필요는 없다. 하지만 대다수 남성이 그렇게 하고 있다.

　현대 남성의 삶에 자주 등장하는 오염된 형태를 특별히 주목해보고자 한다. 이런 혼동과 오염은 정말 심각한 문제를 낳는다. 그러므로 이를 모면할 정보란 남자들에게 꼭 필요한 수혈이 될 것이다.

다른 여성성 형태와 뒤섞인 어머니

어머니 이미지가 다른 여성성 요소-내적이든 외적이든-와 뒤섞여 오염되면 가장 견디기 힘든 것이 된다. 그중의 최악은 어머니와 어머니 콤플렉스가 겹쳐진 것이다.

자기 어머니와 어머니 콤플렉스를 뒤섞어 어수선한 고통을 겪지 않는 남성을 만나기란 매우 어렵다. 거의 모든 젊은 남성이 해당한다고 할 정도로 흔한 일이다. 대충만 봐도 그 둘이 뒤섞일 때 사태가 얼마나 곤란할지 얼른 짐작할 수 있다. 하나는 저 바깥에 실제 인간으로 있는 자기 어머니고 다른 하나는 내면에서 패배와 퇴행의 경향성으로 잡아끄는 콤플렉스이기 때문이다. 그런데 이걸 뒤섞으면 남자는 내면의 갈등을 실제 어머니 탓으로 돌리게 된다. 사실은 신화가 말하는바 남성의 사춘기나 청년 초기의 내면세계는 사납게 휘몰아치는 용과의 싸움인데 말이다. 이 혼동이 발생하면 실제 어머니와 아들 사이엔 아무 일도 없는데 매서운 분란이 생겨난다. 그래서 아들은 어머니가 자기 인생에 자꾸 간섭한다고 믿게 된다. 아니면 조금 있다가는 어머니가 자신을 위해 아무것도 안 한다고 불평한다. 사실 그가 해야 할 일은 용(어머니 콤플렉스)과 싸우는 것이다. 그러지 않으면 어린 시절의 에덴동산에서 벗어나 남자가 될 수 없다. 원시사회는 세심한 사춘기 입문의식을 통해 이 과정을 돕는다. 이 의식을 행할 때 여성은 모두 빠진다. 특히 어머니는 절대 없어야 한다. 소년이 남성의 세계에 발을 들이려면 어린 시절 동산의 낙원을 포기해야 하는데 어머니는 특히나 그때를 생각나게 하는 존재이기 때문이다. 사춘기 의식은 어머니의 세계, 특히 어머니 콤플렉스를 벗어나 성인 남성의 세계에 들어가는 의식이다. 그러므로 소년에서 남자가 되기 위해 그가 떠나야 하는 세계를 상기시키는 어떤 요소도 거기 있어서는 안 되는 것이다.

그런데 서양 문화에서는 젊은 남성이 내면의 용과 싸우질 않고 자기 어머니(혹은 어머니 대체물)와 싸우는 일이 훨씬 많다. 그 용을 죽이는 일과 실제의 어머니를 비난하는 일의 차이를 탐색하는 모자지간의 멋진 대화에 참여한 적이 있다. 자신이 상대하는 게 실제로 뭔지 깨달으면 사태는 훨씬 쉬워진다. 자기 어머니한테 버릇없이 굴지 않으면서도 용을 잡을 수 있다. 용과 싸움을 끝내지 않았는데 사기 어머니(혹은 어떤 식으로든 그에게 어머니의 세계를 대표하는)에게 정중할 수 있는 남성은 없다. 다시 말하면 실제 어머니(그 어머니가 얼마나 덕스럽든 상관없이)와 화평하려면 어머니 콤플렉스 투사를 거두어들일 수 있어야만 한다.

우리 문화의 많은 남성이 이 오염 상태에 내내 갇혀 자기 어머니와 싸워댄다. 그 모습도 얼마나 다양한지! 친어머니는 긴 목록의 첫머리일 뿐이다. 음식을 잘못 가져와서 퍼붓는 남자의 분노를 받아내야 하는 식당의 여종업원, 여성 사무원, 여성 주차단속원, 공화당 등 수천 가지 위장된 모습으로 내면의 콤플렉스와 외부를 분간하지 못하고 퍼붓는 남성의 분노를 받아내는 대상이 있다.

융 박사는 치료자를 찾아오는 내담자가 21세 아니면 45세라는 말을 한 적이 있다. 실제 연령이 어떻든 간에 말이다. 남자의 일생에서 입구에 해당하는 것이 대략 21세이고 이때는 용龍과의 전쟁을 하는 시기다. 45세는 물질생활을 뒷전으로 하고 영적인 생활을 준비하는 시기다. 남성의 심리발달에서 두 시기는 매우 중요하다. 하지만 우리는 통과

의례를 잘 치를만한 훈련이나 교육이 부족하다.

친구 하나가 말하길 우리 문화에 남아있는 이행예식은 16세에 따는 운전면허와 65세에 받기 시작하는 사회보장 연금이라 했다. 인생의 이 두 시기가 의미하는 바에 비하면 이 얼마나 초라한 예식인가.*

그런데 미국에는 이에 관한 새로운 변형이 나타났다. 그 래서 50세 무렵 무의식에서 두 시기의 과제가 한꺼번에 소 리치는 사태가 벌어지고 있다. 남성이 21세의 이행과제를 제대로 하지 못하면 평생 그 콤플렉스에 시달리게 된다. 그 런데 그것이 45세의 이행기와 겹치면 거의 벗어나기 힘든 진창을 만들어낸다. 한편으론 사춘기, 다른 한편으론 성숙 한 남성이 한꺼번에 되어야 하기 때문이다. 21세에 자기 인 생을 두 팔로 꽉 붙들지 못한 남자가 45세에 요구되는 희 생을 제대로 치르기란 불가능하다. 가져본 적 없는 걸 비울 수는 없기 때문이다.

거리에서 지나가는 남성의 얼굴과 복장을 살펴보기만 해도 그가 이 인생의 통과의례와 관련해 어느 지점에 있는

---

* 이 내용은 거투르드 뮬러 넬슨(Gertrud Mueller Nelson)에게 들은 말이다.

지 짐작할 수 있다. 목 위는 50대 얼굴인데 몸은 사춘기 복색을 걸친 모습이란 보기가 무섭다.

콜린 턴불Colin Turnbull은 『인간의 주기』(The Human cycle)* 라는 멋진 책을 썼는데 20대 후반에 인도에 간 얘기를 들려준다. 이때 그는 말라리아에 걸려 힘겹게 히말라야의 어느 구루쿨라gurukula, 즉 남자아이기 소년에서 어른이 되는 과정을 거치는 인도 전통 학교를 방문했다. 이 학교 학생들은 모두 열네 살이었다. 턴불은 이런 식의 이행 과정을 치러본 적이 없었다(그가 영국의 예비학교에서 케임브리지대학에 들어갈 때까지 어디서도 그 비슷한 건 없었다고 말한다). 따라서 그는 인도 학교에서 십 대 초반을 다시 살 기회를 얻은 셈이다. 이때 발견한 기쁨과 즐거움이 그의 책에 가득 배어 나온다.

우리 중의 대다수는 히말라야의 구루쿨라를 갈 행운 같은 건 얻지 못한다. 그저 우리는 신화가 들려주는바 용과 길고 힘겨운 싸움을 과거 전통에서든 현재의 관행에서든 별반 도움을 받지 못한 채 악전고투할 따름이다.

구체적인 한 인간인 자기 어머니와 자연의 풍요로움이

---

* Colin M. Turnbull, *The Human Cycle* (New York: Simon & Schuster, 1983).

며 인생의 온갖 좋은 것을 공급하는 젖줄인 어머니 원형을 혼동하는 일은 흔히 일어난다. 그렇게 되면 그 사람은 현재 벌어지는 일을 늘 "어머니라면 어떻게 했을까?" 비교하며 살게 된다. 즉 어머니 이미지―실제 어머니가 살았든 죽었든―가 자신에게 닥치는 모든 경험의 시금석이 되는 것이다. 그는 종종 어머니를 인용하고 일마다 어머니를 표본으로 삼는 일을 평생 계속한다. 그에겐 어머니가 모든 가치판단의 잣대다.

우리 엄마는 요리를 이렇게 했다는 남편의 말에 상처받아본 적 없는 아내가 있을까?

어머니와 아니마를 혼동하는 건 정말 심각한 문제다. 남자의 일생에서 아니마를 모호하게 다루면 그는 그 대목에서 많은 실수를 저지른다.

남성이 자신의 실제 어머니와 관계가 어수선하다면 아니마와 혼동하기도 쉽다. 이 생기를 주는 내면의 여성성과 실제 어머니가 요구하고 기대하는 것을 뒤섞기 일쑤이다. 어머니를 목말라하는 남성(실제 어머니의 양육에 문제가 있었다면 이 갈망은 남자를 평생 지배하게 된다)은 살면서 갖는 기대치에 늘 어머니의 낙인이 찍혀있을 수 있다. 웬만해서 그런 걸

상상하기 힘든 영역에서조차도 말이다. 자신이 다니는 대학이나 회사, 교회, 지지하는 정당, 국가도 어머니를 대하듯 할 수 있는 것이다(모국이라고 하거니와 내가 아는 한 조국을 모국이라 하지 않고 부국이라 하는 유일한 언어가 독일어다). 남자는 보트를 말할 때도 여성형she으로 말하고 일이 안 풀릴 때 자신도 모르게 새어 나오는 욕도 여성bitch이다. 남자의 기질 한구석에 웅크린 오염된 어머니 이미지들이라 할 수 있다.

어머니와 아니마를 뒤섞는 짓은 유난히 파괴적이다. 이 혼동으로 고생하는 남성은 뭔가 살맛 나는 경험을 하면 거기서 실제 어머니의 특성을 느끼고 떠올릴 것이다. 아니마를 감정이라 할 수는 없지만, 우리의 언어 결핍이 심한 마당에는 그나마 이 중요한 차원을 가장 적절히 표현할 수 있는 단어가 감정이다. 살면서 겪는 감정이 죄다 어머니로 물든다는 것은 심한 상처를 면치 못한다는 걸 의미한다.

어머니와 아니마가 겹치면 남자는 실제 어머니에게서 온갖 이상과 예술적 가치를 찾으려 든다. 아니마는 남자의 삶에 의미와 영적 깊이를 더해주는 것이기에 남자의 행복에 그보다 더 중요한 건 없다. 그토록 중요한 요소이건만 남자의 심리에서 자기 어머니의 이미지와 뒤섞여 오염되면 그의 창의성은 무능하게 되고 만다.

어머니와 아내를 혼동하는 건 하도 흔해서 가히 전 세계적으로 만화나 농담의 소재가 될 지경이다.

남편이 아내를 어머니처럼 여기는 바람에 시어머니의 그림자로 살게 된 여성은 불쌍하다. 남편 어머니의 그림자로 사는 게 힘들어서가 아니다. 다만 남편 어머니의 이미지로 덧씌워진 아내는 대책이 없을 뿐이다. 많은 남자가 아내와 결혼한 이유가 단지 자기 어머니가 젊은 모습으로 등장한 것 같아서인 게 현실이다. 시어머니가 방문하는 생각만 해도 눈물이 나는 아내가 있다면 남편이 자신을 어머니와 동일시하는 정도가 얼마나 심한지 말해주는 척도라 할 수 있다.

딸을 자기 어머니와 혼동하는 남자는 그나마 드물다. 전혀 없지는 않지만, 딸에게 어머니처럼 보살펴달라고 요구하는 가정은 흔치 않다. 아내가 죽거나 부재할 경우, 장성한 딸에게 어머니 역할을 요구하는 때도 있다. 영국의 전통 가정에서는 어머니가 사망할 경우, 딸 중 하나는 집에 남아 아버지를 돌보기도 했다. 이런 처사는 딸의 입장에서 사망선고와 다를 바 없다. 덧씌운 짐을 지기 위해 자신의 여성성을 완전히 부정해야 하는 일이었기 때문이다. 이 딸은 평생 결혼을 하지 못할 공산이 크다. 어머니와 딸의 중첩된 역할 수행의 엄청난 압력으로 자신만의 인생을 포기하기 십상이다.

어머니와 소피아는 훨씬 흔하게 중첩된다. 남성이 자기 어머니를 신성시해서 소피아처럼 대할 수 있다. 이 경우 어머니는 판단의 잣대요 모든 지혜의 구현으로서 남성의 인생 전체에 영향을 미친다. 실제 어머니가 아주 현명하고 힘이 있는 여성이었을 때 이런 경향은 더욱 두드러진다. 어머니의 생각, 관점, 기호가 아들의 삶을 지배하는 것이다. 실제의 엄마와 지혜의 여신을 제대로 분화해서 구별하는 일을 생략했기 때문이다. 사실 이런 상태가 기분은 좋을지 몰라도 생산적이지는 않다. 그 바람에 남성 내면의 여성성을 제대로 표현할 기회가 사라진 것이다. 이런 남성은 현실에서도 어머니 외에 다른 여성이 자신에게 생산적인 역할을 하도록 허용하지 않는다. 이런 어머니상에 지배되는 남자가 가장인 가정에서 여성들은 자신의 여성성을 제대로 계발하지 못한다. 자신의 여성성이라는 깊은 우물에서만 참된 창조성을 길어 올릴 수 있는 법이다. 분별력을 갖춘 남성만이 자기 아내나 주위의 여성들이 나름의 창조성을 발휘하도록 허용할 수 있다. 좋은 어머니는 아들이 자기 길을 가도록 돕는다. 하지만 남자의 입장에서도 어머니를 치울 줄 알아야 자기 내면의 여성성을 샘솟게 할 수 있다. 부디 신께서 어머니들을 현명하게 하시어 이 사실을 알고 아들이 고비를 넘길 수 있도록 돕기를 바란다. 하지만 어머니가 계속해서 아들의 인생에 여왕이 된다면 슬픈 일이 아닐 수 없다.

어머니와 우정의 중첩은 행복한 일이 될 수 있다. 만일 남성이 필요한 의식 작업을 해냈다면 그는 여성과의 우정이 가능하다. 세심한 의식 작업이 필요하긴 하지만 제대로만 해내면 좋은 우정 관계를 이룰 수 있다. 에이브러햄 링컨은 계모와 이런 우정을 나눌 수 있었기 때문에 성장 과정에 좋은 영향을 받을 수 있었다. 모자지간도 양자 모두 현명해야 좋은 우정을 견지할 수 있다.

어머니 콤플렉스 오염

남자의 일생에서 가장 어두운 성질은 어머니 콤플렉스

와 얽혀 등장한다. 어머니 콤플렉스라는 퇴행적 성질은 모든 남성의 마음 밑바닥에 도사리고 있고 나름의 지위 또한 있나. 하지만 남성 내면의 그 어떤 요소보다도 곤란 지경을 일으키는 것이 어머니 콤플렉스다. 대중심리학이 어머니 콤플렉스라고 하면서 보통 실제 어머니와의 관계에 기인하는 걸로 말하곤 하지만 실제로는 내면의 어머니 콤플렉스다. 이런 혼동 때문에 사실은 어머니 콤플렉스에 속하는 건데 실제 어머니들이 비난받는 경우가 생긴다. 물론 실제의 어머니가 내면의 어머니 콤플렉스에 영향을 줄 수도 있지만 본질적으로 어머니 콤플렉스란 어머니라는 실제 여성과는 완전히 별개다. 어머니 콤플렉스란 남성 안에 내재한 퇴행적 경향성, 즉 안전했던 발달의 이른 시기로 퇴행해 돌아가고픈 욕구를 말한다. 해결되지 않은 어머니 콤플렉스처럼 남성에게 위험한 것도 없다. 사회의 밑바닥, 약물이나 알코올 재활센터들은 어머니 콤플렉스에 시달리는 남자들과 먼 곳에 있지 않다. 어머니 콤플렉스가 제대로 해소되지 못하고 오염된 사례 몇 가지를 살펴보자.

어머니 콤플렉스와 어머니 원형을 뒤섞어 고통받는 남성의 사례는 천지사방에 널려있다. 남자의 핵심 활력이 상했거나 시원치가 않은 경우는 대개 어머니 콤플렉스라는 내면의 퇴행적 욕구가 생명력의 샘인 어머니 원형을 눌러버린 경우다. 이런 사람은 인생이 자신을 공정하게 대해 주지 않는다고 끝없이 불평한다. 안 좋은 것만 자신에게 주어지고 운명의 카드는 늘 자신에게 불리하게 배분된다고 말한다. 그런데 잘 들여다보면 이 사람은 실패의 의지가 생의 의지를 압도하고 있을 따름이다. 이런 식으로 어머니 콤플렉스에 희생되는 사람이 부지기수다.

어머니 콤플렉스와 아니마를 뒤섞는 일 또한 심각한데 이것도 어지간히 흔하다. 사람을 말라 죽게 하는 어머니 콤플렉스의 성질이 아니마에 덧씌워지면 이 남자는 평생 창의성이나 총기를 발휘하지 못한다. 아니마는 환히 빛나며 생기를 주는 내면의 성질인데 어머니 콤플렉스로 인한 퇴행 의지 및 비관주의의 무게에 짓눌려 질식당했기 때문이다. 이런 사람은 오로지 용과의 전투에서 승리해내는 것 말고 다른 방도가 없다.

신화에는 남자가 용과 싸워 갇혀있던 아름다운 여인을 구출하고 그 후 그 여인과 "행복하게 잘 살았다"라는 식의 이야기가 무수히 등장한다. 이는 어머니 콤플렉스의 속박에서 아니마를 해방해야 이후의 삶을 아니마와 더불어 살아갈 권리를 획득한다는 사실을 신화의 언어로 풀어낸 것이다.

젊은 남성의 허세와 잘난 척은 무의식에서 어머니 콤플렉스와 아니마 사이의 전쟁이 벌어지고 있음을 드러내는 징후다. 타잔이라도 된 양 힘과 재능을 줄곧 자랑하는 젊은이는 사실, 용과의 전쟁 중임을 공표하는 것이다. 어머니 콤플렉스라는 깊은 동굴에서 자신의 개인성을 구출해 내려는 전쟁을 힘겹게 치르고 있음을 말하고 있다. 잘난 척할 때는 그 잘남을 우러러봐주는 여성 관객이 필요하다. 다른 여성의 찬사를 통해 어머니 콤플렉스의 어둠에서 벗어나려는 행위다. 그래서 확보한 에너지를 아니마에 부여하고 아니마가 주는 생기를 얻으려는 것이기도 하다. 그럼으로써 그는 남성 세계에 온전한 한몫을 가지려는 것이다. 이 투쟁에 걸어야 할 대가란 삶 그 자체다.

경기장은 이 같은 원시 전쟁이 현시하는 장소다. 스페인의 투우장, 미국의 풋볼경기장, 전 세계에서 벌어지는 축구 경기는 모두 젊은이가 영웅의 역할을 떠안고 용과 사투하는 현장이다. 그런 것들이 남성이 내면에서 해야 할 일을 힘 있게 보여주는 상징일 수는 있다. 하지만 경기장 관객들도 자신만의 용 전쟁을 치르려면 관객 역할에서 벗어나야 한다.

남자가 아내에게 제대로 해결하지 못한 어머니 콤플렉스를 고착시킨 가정은 몹시 고달프다. 이 경우 아내는 제대로 할 수 있는 게 아무것도 없다. 사사건건 훼방당하는 건 물론이고 남자가 빠져있는 염세적이고 파괴적인 퇴행 경향성과 늘 씨름해야 한다. 이런 남자의 파괴적 성향과 그 무게를 견뎌낼 수 있는 여자는 별로 없다. 결국, 이혼하거나 절망적 분위기에 압도되어 무기력해지고 만다. 남자의 용에 아내가 희생자가 된 것이다. 어머니 콤플렉스라는 용은 남성만 파괴하는 것이 아니라 그 남성 주변의 여성도 삼킨다.

이런 암울한 운명에서 벗어나는 길은 신화가 말하듯 용과의 사투를 영웅적으로 치러내는 길밖에 없다.

어머니 콤플렉스와 딸이 엮이는 일은 흔하진 않지만, 만약 발생한다면 그 딸은 아버지의 불신과 두려움을 어깨에 무겁게 짊어지고 성인기에 들어가게 될 것이다. 아버지가 여성성에 대해 취한 태도는 고스란히 딸의 세계관에 자리하는데 어둡고 염세적인 태도가 딸에게 무거운 짐으로 작용한다. "아비의 죄가 자손 삼사 대에 이를 것"이라는 성서의 구절을 떠올릴 만하다. 여성성을 향한 아버지의 그릇된 태도를 죄란 말로 대체한다면 이 구절은 영속적인 의미를 지닌다고 할 수 있겠다.

어머니 콤플렉스가 미해결 과제로 남은 남성이 지혜의 여신 소피아에 접할 일은 거의 없다. 소피아를 통해 얻는 인생의 탁월한 철학적 지혜는 남자의 인생 후반부에 필요한 엄청난 보물이지만 어머니 콤플렉스의 염세 및 파괴적 성향에 가려 흐려지기 때문이다. 지혜의 여신도 뭐든 녹여버리는 어머니 콤플렉스의 부정적 효과는 감당하지 못하는 모양이다.

이쯤 되면 어머니 콤플렉스가 해소되지 않은 상태에서 여성과의 우정이 불가능해지는 이유를 많은 말로 설명하지 않아도 될 것이다. 우정의 기쁨, 즐거움, 동행이 어머니 콤플렉스의 퇴행적이고 파괴적인 분위기에서 솟아날 리 만무하다.

남녀가 만날 때 어머니 콤플렉스가 분위기를 물들이면 무언가 좋은 것이 사라졌음을 느끼게 된다. 두 사람이 만나

빛나는 경험을 할 가능성이 어머니 콤플렉스의 등장으로 순식간에 어색한 침묵으로 치닫는다. 그러면 두 사람은 수용될 만한 방식으로 긴장 상태에서 벗어나길 모색한다. 두 사람의 개성이 만나 서로를 알아가는 행복한 경험의 가능성이 어머니 콤플렉스로 인해 정말 순식간에 날아가 버리는 것이다. 융 박사는 두 사람 사이에서나 집단 내에서 오염된 무의식의 작용은 독을 품고 있는 안개와 같다고 했다. 모든 창조성이 일거에 질식되고 만다.

오염

어머니 원형을 살펴보면 워낙 기쁨과 밝음이 많이 보이기 때문에 어머니 원형이 섞인 것에 무슨 결함이 있을까 싶다. 그러나 깊이 들여다보면 다른 경우와 마찬가지로 이 경우도 매우 심각할 수 있다는 사실이 드러난다. 어머니 원형은 그 자체로는 순금이다. 하지만 다른 성질과 뒤섞여 오염되면 이 순금은 무효가 되고 어머니 원형의 신성함은 심각하게 제약을 받는다.

남성이 어머니 원형의 역할을 아니마에게 요청하는 경

우는 퍽 흔하다. 살펴본 대로 아니마가 제대로 기능할 때는 의식의 인격과 집단 무의식의 심층들이 서로 이어진다. 시인과 예언자, 이상주의자들은 모두 아니마 덕분에 탄생한다. 그런데 남성이 아니마에 어머니의 특성―설령 어머니 원형의 순금 같은 특성이라 해도―을 더하면 창조적 능력을 모성적 특성으로 오염시키는 꼴이 된다. 별로 좋지 않은 결합이다. 아니마와 어머니 원형을 분별하는 일이야말로 세심한 주의가 필요한 일인데 우리 문화에선 보기 힘든 일이다. 성모 마리아는 숭고한 어머니 원형의 전달자로서 우리가 영적 어머니라 부르는 대상이다. 그러나 다른 한편으로는 젊은 여성의 아름다움과 우아함의 전형으로 대하기도 한다. 이 혼합이 그리 불행한 건 아닐지 몰라도, 아니마와 어머니 원형은 분별해서 중첩되지 않도록 대하는 것이 훨씬 좋다.

나는 아니마와 어머니 원형을 더 잘 분별하기 위해 행했던 실험을 잊을 수 없다. 나는 개신교인으로 성장했지만 늘 가톨릭의 상징주의에 친밀감을 느꼈다. 인생의 어떤 위기가 닥쳤을 때 나는 성모 마리아를 향한 신심을 내면서 그 은총과 자비의 샘에 연결될 수 있길 소망했다. 로스앤젤레스에는 훌륭한 조각상들로 유명한 스페인 세비야 대성당을 본뜬 멋진 가톨릭 성당이 있다. 나는 그곳에 너무나 아름다운 성모상이 있음을 알아내고 가끔 가서 조용한 시간을 보내곤 했다. 주위에 사람들이 없으면 아예 성모상 앞에 무릎을 꿇고 마음을 쏟아냈다. 그런데 성모상 머리의 후광이 네온 불빛임을 아는 순간 기분이 깨졌다. 뭔가 신비감이 사라지는 기분을 느끼며 성당을 나선 나는 다시는 그런 가시적 이미지에 마음을 쏟을 수가 없었다. 서로 다른 층위를 그런 식으로 섞어놓은 것이 무언가 신비의 주문을 깨게 했고 나는 이후 그런 식의 신앙 표현에 나를 맡길 수 없게 되었다.

그런데 남성들이 어머니 원형을 아내에게 덧씌우는 일은 무척 흔하다. 단순 소박한 사람들이 그렇게 하면 그럭저럭 결혼은 유지될 것이다. 그래도 아내를 향한 투사의 무게는 엄청나다. 인간에게 신의 역할을 요구하는 것은 가벼운 일이 아니다. 단순한 사람들이라 해도 절대 쉽지 않다. 여성성의 박애와 풍성함을 전하는 존재가 되라고 요구받는 것은 아내의 입장에서 너무 버겁다. 아내가 어떤 방법으로든 그 짐을 벗으려고 하는 것은 당연하다. 내가 아는 한 여성은 남편이 늘 고상하고 우아한 존재로 처신하길 요구했다. 이삼 년 결혼생활이 지나자 여성은 막된 난봉꾼과 바람이 났다. 그녀가 내게 한 말은 이랬다. "이제 남편이 내가 성녀가 아님을 알겠죠!"

누군가의 성인이 되길 원하는 사람은 없다. 처음엔 꽤 매력적으로 비칠 수도 있지만 결국 감당할 수 없는 짐이라는 사실이 드러날 것이다.

그런데 어머니 원형과 우정이 결합하면 아주 괜찮은 가능성이 열릴 수 있다. 남자가 여성과 우정을 나눌 줄 알고 그럴 권리를 획득한 사람이라면 여성 친구에게 어머니 원형의 아름다움을 많이 얻을 수 있다. 둘 사이에 우아함과 아름다움, 통찰이 흐르고 양쪽 모두 관계의 보람을 느낄 것이다. 하지만 이 경우에도 양자의 교류에 두 층위가 있음을 분별해야 최선의 관계가 가능하다고 말할 수 있다.

인도에 가면 이 두 층위의 결합에 관한 다양한 사례를 접할 수 있다. 예컨대 남성이 자기보다 나이가 많은 여성과 다정한 우정 관계를 맺을 수 있다. 인도의 어머니 콤플렉스는 그리 강해 보이지 않고 더욱 건설적인 보살핌 관계의 여지가 많아 보인다. 인도 남성은 내가 아는 그 어떤 문화보다도 모성적 보살핌을 어린 시절부터 경험하며 자란다. 그래서인지 성인기가 되어서도 어머니 콤플렉스의 부정성을 최소한도로 겪는 것 같다.

서구문화보다 인도 남성은 어머니 원형과 수월한 관계를 맺기 때문인지 주변에 어머니 원형의 담지자 여성이 있는 경우가 많다. 그리고 그 여성과의 관계에서 큰 힘과 영감을 얻곤 한다. 실제로도 그 여성을 어머니라 부르고 주위에서 이를 인정하고 존중해준다.

아니마 오염

대체로 남자는 신혼의 아내와 한 달 정도(이를 허니문이라 하는데 그 달콤함이 달의 주기만큼 지속한다는 의미다) 목가적 지복을 누린다. 그런 다음 자기 아내가 아니마도 아니고 여성에게 품은 자기 기대 또한 충족되지 않는 현실 발견의 과정이 시작된다. 아내가 아니마가 아님을 아는 것(오히려 실상은 기대와 정반대의 사람과 결혼했음을 아는!)이 진정한 관계의 시작이다. 이전의 모든 것은 투사에 불과했기 때문이다. 양자 모두 이례적으로 관계의 기술을 의식화했다면 모르겠지만 말이다.

아내와의 관계를 아니마를 향한 기대치로 오염시키는 일은 세상에서 흔히 발생하는 오류다. 남편에게 자신이 그저 한 인간일 뿐임을 알리지 않아도 좋은 여성이 있을까? 남편의 비현실적 기대치를 만족시켜 줄 만한 존재가 아님을 말이다.

20세기 이래로 여성의 반란이 가중된 데는 남성 아니마의 담지자가 되는 것에 대한 본능적 거부감이 한몫을 차지했다. 남자가 여자에게 품는 기대를 충족시키기보다 나름의 인간으로 살겠다는 것은 우리 시대 위대한 해방 중 하나다. 결과적으로 남성 또한 자신의 여성성 측면을 스스로 감당하는 법을 배움으로써 자기 내면에 대한 책임을 질 줄 알아야 하게 됐다. 그때라야, 아니 오직 그때만이 눈앞의 여성을 한 경이로운 존재로 직시할 수 있다.*

아니마와 딸이 중첩되는 오염은 최근에 폭발적으로 이목을 끄는 결합 형태다. 이전에는 별로 언급되지 않았다. 금기가 걷히자 여성들이 무리 지어 어린 시절 아빠에게 신

---

* 서양 문화에서 아니마의 역할을 자세히 살펴보려면 내 책 *We*(『로맨틱 러브에 대한 융심리학적 이해, We』, 동연, 2008)를 보라.

체적으로나 심리적으로 학대받은 경험을 쏟아놓기 시작했다. 서양인들에게 남성의 아니마는 특히 성적인 영역에서 등장하는 습성이 있는지라 도무지 딸에게 투사할 일이 아니다. 아버지의 아니마가 투사된 관심을 받는 일처럼 딸을 신속히 망가뜨리는 일도 없다. 노골적이면 범죄, 은근해도 상처로 남는다. 어린 소녀가 친밀한 성적 접촉을 배우는 대상이 자기 아버지라면 그녀는 평생 아버지 이미지를 박탈당한 채 살 수밖에 없다. 게다가 접하게 된 근친상간 삶의 방식은 끔찍한 상처로 남는다.

오늘날 아버지에게 어린 시절 성적 학대를 당한 여성의 비율은 통계상 얼마나 될까? 놀라우리만치 높은 수치로 이는 남성들이 여성성 측면들을 제대로 분별할 줄 모른다는 사실을 확연히 말해준다. 자기 내면에 다양한 여성성 측면들이 있다는 사실을 대충이라도 아는 남성은 절대 딸에게 아니마를 투사하진 않을 것이다. 하지만 아동학대의 수치가 그렇게 높은 걸 보면 그런 초보적 지식조차 드물다는 것을 알 수 있다. 사람이 겪을 수 있는 오염 사례 중 최악이다.

신비주의 시는 보통 참회자와 지혜의 여신 사이의 오가는 사랑의 언어로 기술된다. 아니마와 소피아가 나란히 있는 것은 그리 불법이라 할 수는 없지만 그래도 그 둘이 별 개임을 분별해야 한다. 소피아는 여신이기 때문에 남성의 인격 구조에서 어떤 식의 친밀성도 허락되지 않는다. 남성이 소피아와 맺는 관계란 신과 나누는 교제이기 때문에 남성의 모든 사적 차원은 뒤로 물러난다. 그런데 아니마를 소피아와 뒤섞으면 천상의 비전을 사적인 일로 오염시키는 꼴이 된다.

남자가 사적인 걸 뒤섞으면 소피아의 지혜에 닿는 천상의 연결망은 금방 파괴된다. 예를 들자면, 천재성을 발휘해서 우리에게 값진 것을 제공한 과학자나 발명가가 있다 치자. 그런데 그가 자기 업적을 뻐기고 허영심을 발휘한다면 본질적으로 서로 다른 두 요소가 뒤섞인 오염이라 할 수 있다. 즉 자기 심층의 천재성이라는 요소와 뻐기고 싶은 개인적 욕구의 요소가 뒤섞인 것이다.

디오니소스의 어머니 세멜레는 제우스에게 지극히 사적인 것을 요구했다가 바로 불에 타 재가 되고 만다. 이 이야기 역시 유한한 인간이 신적인 것에 사적인 요소를 뒤섞으면 어찌 되는지 보여주는 훌륭한 교훈이다.

여하튼 아니마―소피아 오염이 그리 흔하지 않은 까닭

은 애당초 천상적 요소들과 관계를 맺을 수 있는 수준에 도달하는 남성이 적기 때문이다. 그러나 신과 여신들에 접하리만치 지성이 발달한 사람이라면 이 오염을 피하도록 최고의 지혜를 발휘할 필요가 있다. 너무나 지적이건만 그 힘을 어리석게 사용한 사람들의 어두운 이야기는 오랜 옛이야기를 현대 우리의 언어로 다시 들려주는 것이라 하겠다.

남성과 여성 사이의 우정은 가장 보상이 큰 교류 중 하나다. 부드럽게 상호존중하며 지적인 관계를 통해 각자는 자기 안의 최선을 끌어낼 수 있다. 신체적으로 함께하는 시간만큼이나 깊은 영적 하나 됨을 이룰 수 있다. 하지만 남성들이 상호교류에 아니마를 끼워 넣어 관계를 연애로 만들면서 이 깊은 우정의 가능성을 날려버리는 경우가 자주 일어난다.

여성은 남성을 잠재적 우정의 대상으로 볼 때도 자칫 이관계가 연애나 심지어 강간으로 귀결될까 두려워한다. 그래서 자신의 최고 여성성을 우정 관계에 투자하기를 꺼린다. 워낙 우리의 언어와 관습이 남성 내면의 다양한 여성성을 적절히 분화해내질 못하고 있는 탓이다. 남성이 지금 불장난을 하는 것인지? 연애하는 것인지? 은근히 여자를 휘

두르고 있는 것인지? 아니면 여성에게 안전한 우정의 동반을 하는 것인지? 남성이 이 모든 걸 명확히 분별하고 있는 줄 알면 여성은 크게 안도할 것이다. 하지만 우리 문화는 워낙 뒤엉킨 혼란상이 만연해서 여성은 남성에게 뭘 기대해야 좋을지 헷갈린다.

남성과 여성 사이에 진정한 우정이 오갈 수 있다면 정말 행복한 일이다. 하지만 그 자체로는 선하건만 다른 요소들이 뒤엉키게 되면 큰 고통을 낳는다.

아내 오염

아내와 딸이 뒤섞이는 오염은 아니마와 딸의 중첩만큼 끔찍하지만, 외적 행동으로 구체화하기 쉽다는 점에서 더 안 좋다. 모든 사회가 금기시하는 것 중 하나가 딸을 아내로 삼는 일이다. 앞에서도 말했지만, 이 둘을 혼동한 오염 탓에 파산하는 인간들이 의외로 많다.

아내와 소피아가 중첩되는 일은 드물지만 그래도 몇 가지 예를 살펴보는 것이 좋겠다. 남편과 아내가 인생 말년에 공동연구를 하거나 프로젝트를 진행하는 때도 있다. 윌 듀

란트와 아리엘 듀란트 부부는 문명사 공동연구로 세상에 혁혁한 기여를 했다. 지혜의 영역에서 남편과 아내가 한 팀으로 작업하여 결과물을 산출한 하나의 사례다. 이런 경우도 아내와 소피아 중첩의 부정적 가능성을 충분히 의식해서 피하는 것이 좋다.

아내와 친구가 중첩되면 정말 창조적인 우정이 가능해진다. 우수한 창조적 작업이 이 결합에서 우러나올 수 있는데 보통은 인생 후반부에 이르러서다. 그런 게 아니더라도 남편과 아내가 친구처럼 동반하는 모습으로 비칠 수 있다. 이는 인간관계에서 이룰 수 있는 최선의 것 중 하나다.

부부가 결혼생활 전반에 여러 단계를 함께 겪고 난 뒤에 우정을 쌓을 수 있었다고 말하는 건 결혼에 표하는 최고의 경의 중 하나다. 에드워드 카펜터Edward Carpenter는 남편과 아내가 서로 어떤 사람에게 끌렸다는 얘기를 할 수 있는 것이 관계의 최고 형태 중 하나라고 말한 바 있다. 그건 정말 깊은 우정이다.

우정과 소피아

소피아와 우정은 유사성이 크다. 비록 층위는 다르지만, 설령 중첩된다 해도 그 결합은 장점이 많다. 하지만 다시 말하거니와 어떤 요소가 작용하고 어떤 층위에서 어떤 교류가 발생하고 있는지 아는 것이 좋다. 자신이 천상의 것을 어루만지고 있음을 아는 남성과 여성은 현명하다. 그렇게 의식적이 되면 그 힘에 부합한 관계의 형태를 부여할 수 있다.

지금까지 남자가 일생을 살면서 경험할 여성성의 여러 층위에 대해 간략히 살펴보았다. 자기 내면에 어떤 여성성 요소들이 있는지 모르는 남성이 많기 때문에 이런 이야기는 늘 새롭다. 남자의 일생을 우미優美하게 해주는 여성성의 외적 형태−어머니, 아내, 누이, 딸, 헤타이라−를 깊이 돌아보게 할 뿐만 아니라 완전히 새로운 영역, 즉 잘 모르고 있었지만, 사실은 가까이 있었던 내적 요소들도 발견하게 해준다. 남자들 대다수는 내면의 여성성이 있는데, 시와 음악, 영감의 세계로 안내하기도 하지만 왜곡되면 남자의 기분을 떨어뜨리고 절망케도 한다는 식의 이야기를 들려주면 낯설고 신기하게 여긴다.

이 영역에서 의식의 역할은 분화^{differentiation*} 시키는 것에 있다. 남자로 하여금 여러 여성성의 특징을 정확히 이해하고 분별할 줄 알게 하는 것이 정말 중요한 역할이다. 잘 분별해내기만 하면 다양한 여성성 형태들은 최고의 질 좋은 선물을 내놓는다. 분별을 통한 명료함을 갖고자 하는 남성에게는 감정과 영감의 황금 세계가 열리는 것이다.

우리 시대의 영웅은 그런 분화를 과제로 삼는다. 옛날 기사들은 투구와 갑옷, 검과 창으로 무장하고 "저 바깥" 세상을 정복하러 다녔다. 하지만 현대의 영웅은 새로운 모습으로 등장한 과제와 맞선다. 여성성 요소들이 당황스럽게 뒤얽혀 있는데 이들을 구출해내서 먹이고 구애하고 보호해주어야 할 과제를 갖는다. 현대의 영웅이 되려면 새로운 언어, 새로운 도구, 새로운 통찰이 필요하다.

가웨인은 아서왕에게 이렇게 말한다. "우리는 창으로 모

---

* 예컨대 아이의 심리적 발달에서 초기 미분화된 상태에서 신체적 자기, 정서적 자기 등이 분화되어 나오는데 그 차이와 경계를 의식해냈기 때문이다. 즉 분화란 의식화 과정이다. (역자 주)

든 걸 얻고 검으로 모든 걸 잃었습니다." 이 말은 우리 조상들의 화려한 기사 세계뿐만 아니라 우리 시대에도 적용된다. 창은 분화, 즉 분별하여 명확하게 하는 기술의 상징이다. 반면 검은 장애물을 무작정 힘으로 거칠게 난도질하며 나아가려는 서툰 남성성이다. 현대의 특성은 검은 넘쳐나는데 창은 너무 없다는 것이다. 현대의 남성이 전투를 치를 영웅의 땅을 찾는다면 관계의 영역이다. 거기서 그는 여성성의 다양한 요소를 분화해내면서 새로운 영웅이 될 것이다.

괴테는 걸작『파우스트』를 이렇게 마감한다.

"영원한 여성이 우리를 이끌 것이다."

로버트 존슨 융심리학 시리즈 7

내 안의 여성성 마주하기

2023년 1월 2일 처음 펴냄

지은이 | 로버트 A. 존슨
옮긴이 | 이주엽
펴낸이 | 김영호
펴낸곳 | 도서출판 동연
등　록 | 제1-1383호(1992년 6월 12일)
주　소 | (우 03962) 서울시 마포구 월드컵로 163-3
전　화 | (02) 335-2630
팩　스 | (02) 335-2640
이메일 | yh4321@gmail.com
인스타그램 | https://www.instagram.com/dongyeon_press

Copyright ⓒ 동연, 2023

ISBN 978-89-6447-857-8 03180
ISBN 978-89-6447-791-5 03180(세트)

로버트 A. 존슨의 융심리학 시리즈

▎신화로 읽는 남성성, He
▎고혜경 옮김 | 128쪽 | 12,000원

어린 소년이 진정한 기사가 되는 모험을 다룬 성배신화를 통해 남성 심리의 다양한 측면을 탐색한다. 남성 내면의 여성적 요소와 그와 관련된 행동의 근원, 나아가 양성의 조화로운 공존까지. 또한 성배신화를 통해 현대인들이 받는 고통의 특질을 진단하고 현대인의 딜레마를 치유할 심오한 통찰을 제시하는 책이다.

▎신화로 읽는 여성성, She
▎고혜경 옮김 | 144쪽 | 12,000원

여성 심리를 대변하는 '프시케와 에로스 신화'를 통해 진정한 여성성을 이야기한다. 프시케가 겪는 험난한 여정처럼 자기탐구라는 힘들고 아름다운 과정을 거쳐 개성화, 전일성 그리고 완전함이라는 진정한 여성성을 획득하는 방법을 제시한다. 또한 그 결과로 얻게 되는 조이와 엑스터시라는 진정한 여성성의 힘과 아름다움을 깨닫게 하는 책이다.

▎로맨틱 러브에 대한 융 심리학적 이해, We
▎고혜경 옮김 | 334쪽 | 13,000원

우리는 왜, 어떻게 사랑에 빠지는가? 로맨틱한 사랑의 실체는 무엇이며, 왜 사람들은 그 환영을 좇아가는가? 진정한 사랑은 어떻게 이룰 수 있는가? '트리스탄과 이졸데' 신화를 매개로 사랑의 본질을 해부하고, 사랑의 진정한 의미, 여성성과 남성성의 조화로서의 '우리(We)'를 제시한다.

▎내면작업 꿈과 적극적 명상을 통한 자기 탐색
▎고혜경 · 이정규 옮김 | 376쪽 | 16,000원

꿈에 등장하는 상징과 이미지를 이해하게 해서, 우리 무의식에 잠들어 있는 어마어마한 힘과 자원을 발견하게 한다. 직접적이면서 강력하게 무의식에 접근하는 4단계 내면 작업을 통해 꿈과 상상력이 활성화되고 이는 우리의 삶을 창조적으로 탈바꿈시켜 줄 계기가 될 것이다. "나는 누구인가"라고 끊임없이 탐색하는 이들을 위한 친절한 길라잡이가 되어주는 책이다.

희열Ecstasy 기쁨Joy의 심리학
이주엽 옮김 | 194쪽 | 13,000원

알코올 중독, 마약 중독, 일 중독, 섹스 중독 등 온갖 중독은 영적 엑스타시를 상실한 물질 중심 사회의 병든 엑스타시다. 현대 사회에서 물리적 중독으로 얻는 이러한 엑스타시는 만성적 공허를 낳기만 한다. 사실 우리가 진정으로 찾고 추구하는 것은 영의 기쁨이다. 엑스타시의 본질과 지금 여기서 진정한 황홀경과 기쁨을 경험하게 해주는 책이다.

돈키호테, 햄릿, 파우스트 인간 의식 진화의 세 단계
이주엽 옮김 | 120쪽 | 13,000원

인간 의식이 변화하는 세 단계를 알기 쉽게 풀이한 책이다. 단순한 돈키호테와 같은 2차원 의식에서 복잡한 햄릿과 같은 3차원 의식을 지나 인간의 전체성, 본래의 온전함을 회복하는 단계인 파우스트와 같은 4차원 의식으로 나아가는 인간 의식의 숭고한 변화 여정을 그린 책이다.

내 안의 여성성 마주하기
이주엽 옮김 | 120쪽 | 13,000원

인간 내면에 존재하는 여성성의 다양한 요소를 알기 쉽게 설명하고 있으며, 그 여성성을 혼동하거나 오염시켰을 때 나타나는 심리 상태와 그것이 현실을 어떻게 곤란하게 하는지 이야기한다. 자기 내면의 여성성을 깨달은 이는 진정한 힘과 의미, 가치를 깨닫게 되고 실제 생활에서도 자기 인생의 행복에 기여할 진실한 인간 관계를 맺게 된다.